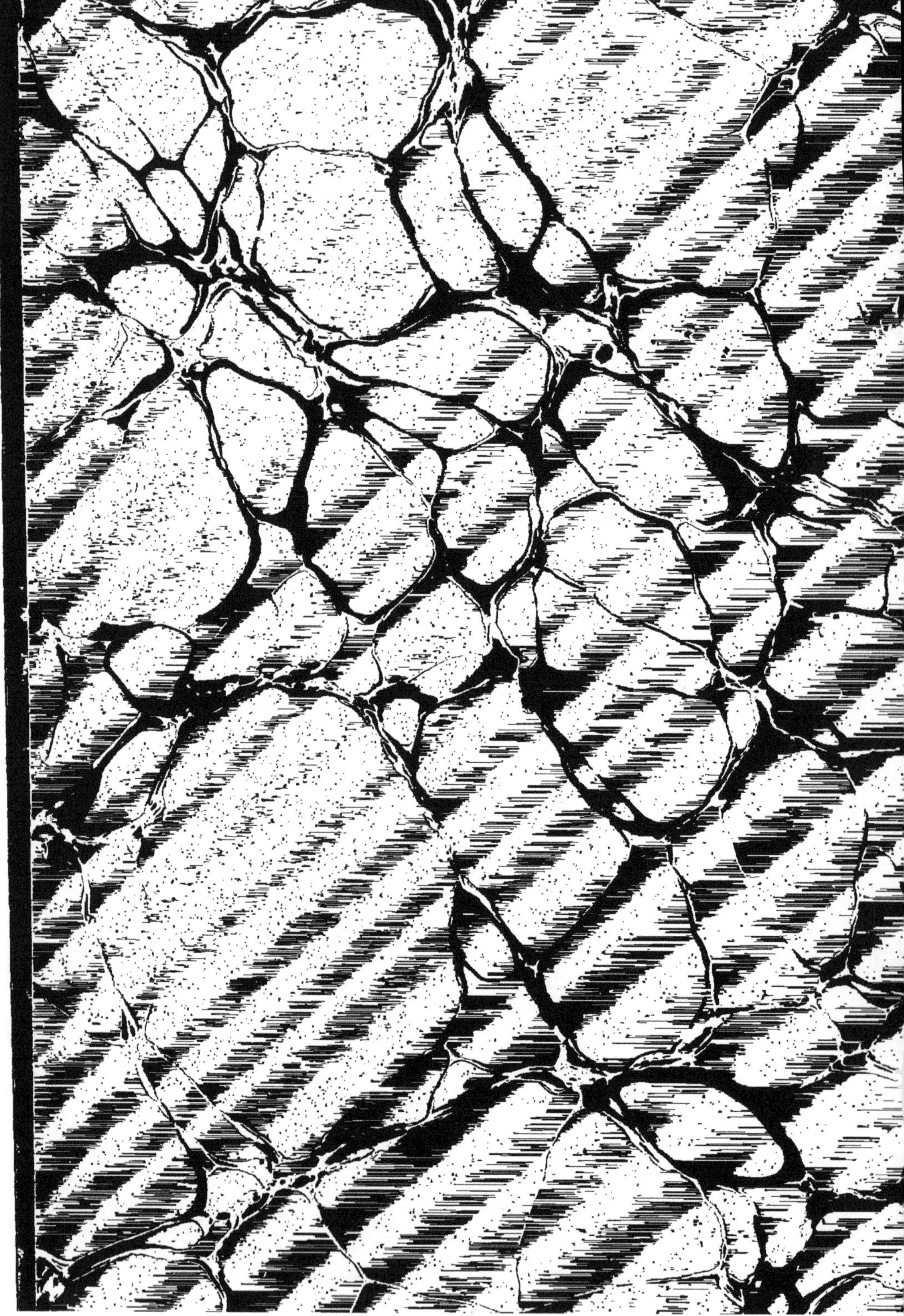

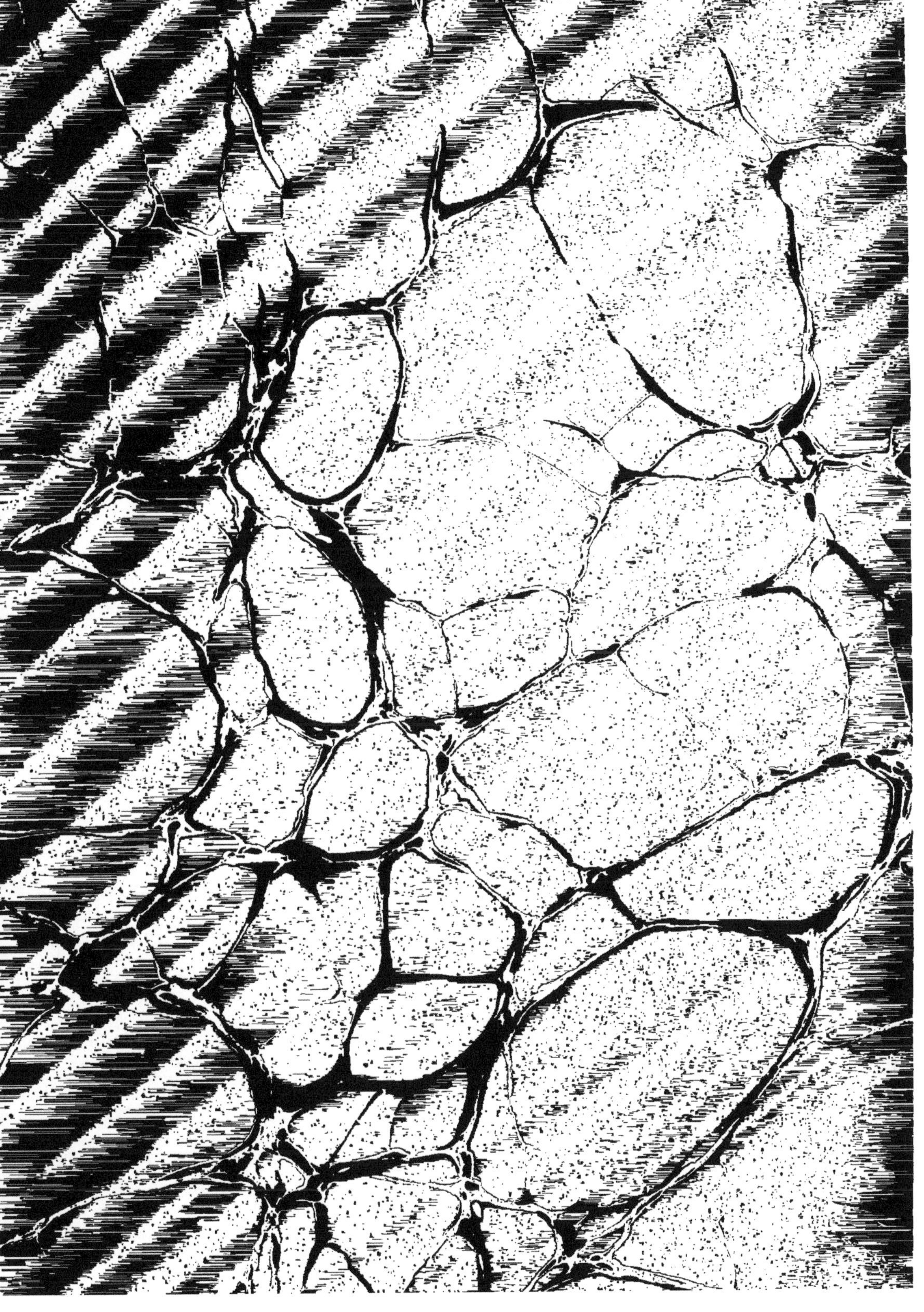

LIBRAIRIE
DE

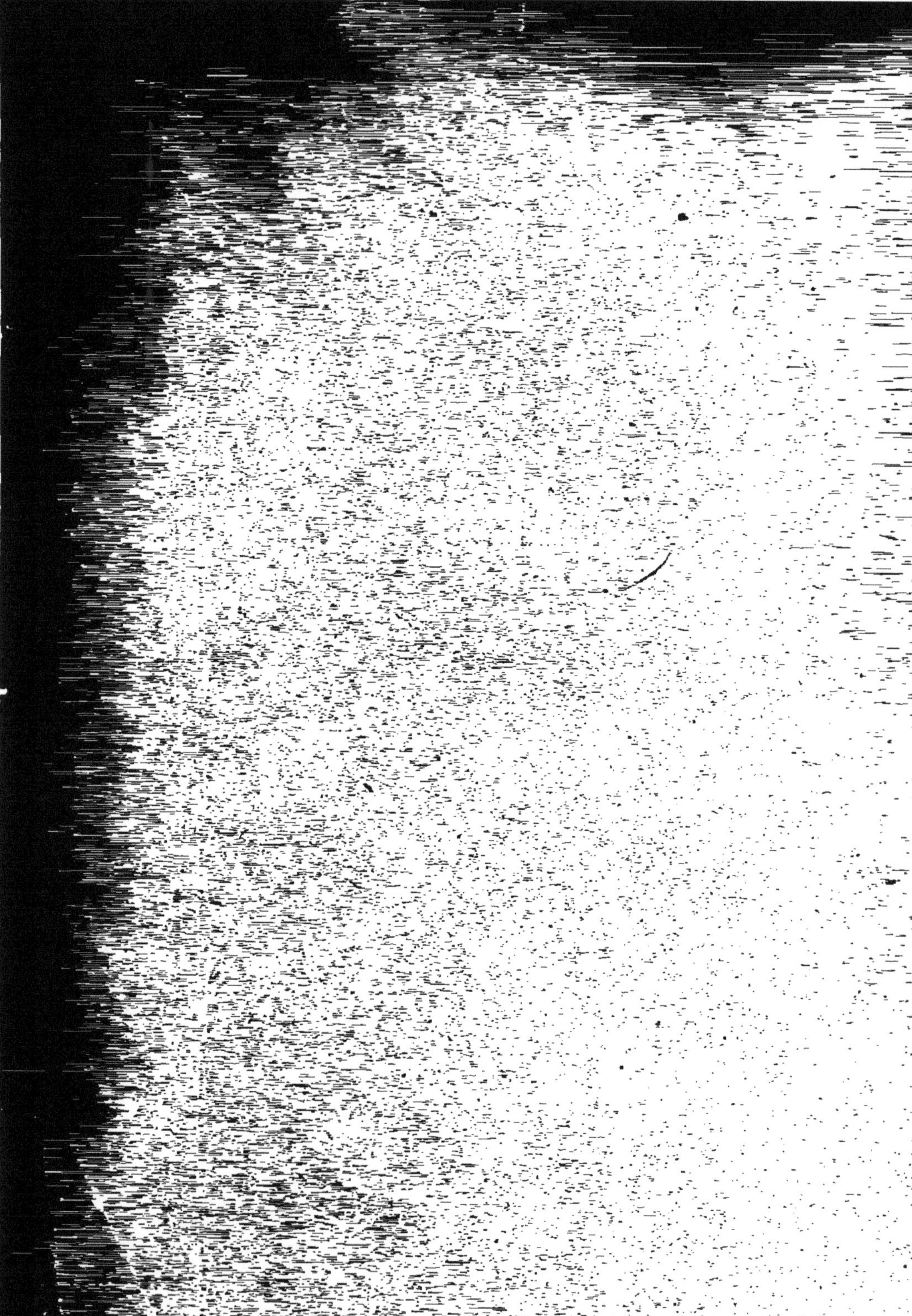

LA

VALLÉE DU NIL

HUITIÈME SÉRIE. — Format in-8° raisin ill.

7 a s

TYPOGRAPHIE FIRMIN-DIDOT ET Cie. — MESNIL (EURE)

Fig. 1. — Mouezzin appelant les fidèles à la prière.

MAXIME LEGRAND

LA VALLÉE DU NIL

ÉPOQUE CONTEMPORAINE

OUVRAGE ILLUSTRÉ DE 50 GRAVURES

PARIS

LIBRAIRIE DE FIRMIN-DIDOT ET Cie

IMPRIMEURS DE L'INSTITUT, RUE JACOB, 56

LA
VALLÉE DU NIL

CHAPITRE PREMIER.

ALEXANDRIE.

Lorsqu'un voyageur arrive du nord ou de l'ouest, c'est dans Alexandrie qu'il foule aux pieds pour la première fois le sol de l'Égypte. Fatigué par une longue traversée, étourdi par l'étrangeté des scènes qui ont frappé son regard dans cette contrée qu'il ne connaît pas, il aspire au repos de la nuit, et ferme les yeux en songeant à la patrie. Mais soudain un chant sonore interrompt le silence de la nuit : c'est le mouezzin qui appelle les fidèles à la prière. Sa voix sert de cloche à l'Orient; du haut de son minaret, le mouezzin laisse tomber sa bénédiction sur la ville assoupie.

Alexandrie, sur laquelle, comme sur un seuil, s'ouvre la vallée du Nil, fut la cité la plus renommée peut-être qu'il y ait eu pendant les derniers siècles de l'antiquité. Est-ce à son heureuse situation que la grande métropole du commerce et de l'érudition dut son épanouissement merveilleux et rapide? A première vue, on pourrait se le demander.

La côte septentrionale de l'Égypte est basse, uniforme, laide. Si les vagues de la Méditerranée n'y ont pas au soleil moins d'éclat ni d'azur que sur les rives embaumées par les orangers de Sorrente ou dans la rade ensoleillée de Malaga, elles se brisent dans le port d'Alexandrie contre des écueils nombreux, qui rendent la navigation périlleuse. Le phare de Ras-el-Tîn a beau lancer au large ses feux rayonnants, aucun navire n'ose ni ne peut pénétrer, de nuit, dans le port d'Alexandrie. Nul bras du Nil; un canal, creusé par Mohammed-Ali, le fondateur de la maison vice-royale, et appelé Mahmoudiyèh, du nom du sultan qui régnait alors, arrose seul la banlieue, alimente la ville d'eau potable, et supplée à l'absence de puits, car le sol de l'Égypte ne possède que des sources saumâtres.

Pendant les mois d'hiver, la côte est pluvieuse, balayée par de fréquents orages. L'azur limpide du ciel est rarement voilé au Caire de nuages, qui tombent bientôt en ondées fugitives, mais à Alexandrie il n'est pas moins souvent troublé que dans les presqu'îles de l'Europe méridionale. Enfin, l'emplacement, choisi par Alexandre en 332 pour fonder une colonie devant transmettre au commerce du monde les richesses de l'Égypte, les trésors et les merveilles de l'Arabie et de l'Inde, était, par sa situation même à l'extrémité occidentale du Delta, aussi éloigné de la mer Rouge que des routes de caravane qui relient l'Afrique à la Syrie.

Et pourtant le site que le Macédonien avait choisi avec le coup d'œil du génie était le seul qui, en Égypte, réunit toutes les conditions nécessaires à l'existence de la cité cosmopolite qu'il rêvait. Dans son esprit, une grande ville, moitié égyptienne, moitié grecque, devait servir à deux fins : réunir en un même port les produits de la vallée du Nil et les marchandises apportées du sud par la mer Rouge, afin de les répandre dans le monde au moyen de trafiquants

Fig. 2. — Femme sur les ruines d'Alexandrie.

helléniques; faire de ce nouvel entrepôt un centre d'action d'où la vie florissante de la Grèce s'épandît sur toute l'Égypte. Il ne choisit pour emplacement de sa nouvelle colonie ni le vieux port de Tanis ni celui de Péluse, prévoyant sans doute qu'ils seraient exhaussés, comblés, perdus par les dépôts de limon.

Juste en face de Rakotis, au nord du vieux bourg égyptien, et dans le voisinage immédiat de la côte, s'allongeait l'île de Pharos; par derrière et au sud, le lac Maréotis, relié au bras occidental du Nil par des canaux artificiels, qu'il était aisé d'agrandir. Le bras de mer qui séparait l'île du continent était assez large pour donner abri à de nombreux vaisseaux, et plusieurs milliers de bateaux du Nil pouvaient trouver place dans le lac. Une ville bâtie entre ces deux points était donc aussi bien située pour l'importation que pour l'exportation. La vie grecque devait avoir d'autant moins de difficulté à s'y développer que la localité égyptienne, à laquelle succédait la colonie nouvellement fondée, était moins importante.

Aucune ville de l'antiquité ne nous est connue par plus de documents que ne l'est Alexandrie, aucune pourtant n'a laissé aussi peu de restes reconnaissables. En vain chercherions-nous une seule des îles qui étaient jadis en face de la ville; pourtant, l'île de Pharos est encore là.

Les Ptolémées l'avaient réunie au continent par une digue en pierres de taille. Comme ce pont gigantesque mesurait sept stades de longueur, on le nommait l'Heptastade. Il portait les conduites qui pourvoyaient l'île d'eau potable et partageait le port en deux bassins qui existent encore. Celui de l'est, le Port-Neuf, à présent hors d'usage, s'appelait dans l'antiquité le Grand-Port. Celui de l'ouest, aujourd'hui le Vieux-Port, dans lequel pénètre le voyageur qui arrive d'Europe et que le vice-roi d'Égypte a fort agrandi, s'appelait le Port d'Eunoste, nom qui signifiait *heureux retour*.

Les deux ports communiquaient entre eux par des tranchées sur lesquelles étaient jetés des ponts; ces tranchées, la vase et les ruines les ont obstruées depuis longtemps. La plupart des maisons de l'Alexandrie moderne s'élèvent sur l'emplacement du vieil Heptastade; son sol est le premier que l'étranger touche en abordant, car c'est à sa rive occidentale que les grands vapeurs de l'Occident viennent jeter l'ancre. L'île de Pharos est donc la bande de terre qui termine, vers le nord, cette presqu'île d'un nouveau genre. Encore aujourd'hui, elle porte un phare qui se dresse à la pointe occidentale de l'île; l'ancien, celui que Sostrate avait bâti, celui qu'on appelait Pharos, à cause de la localité qu'il couronnait, et dont nos tours à feu portent encore le nom, s'élevait à la pointe opposée. Il dépassait en hauteur la pyramide de Chéops et avait été classé parmi les merveilles du vieux monde.

Le plus brillant de beaucoup parmi les quartiers de la ville était le Bruchion, baigné par les vagues du grand port. C'était la partie ancienne, celle qui avait été jadis la bourgade de Rakotis. A l'est du Bruchion, habitaient les Juifs. Ces quartiers étaient sillonnés par un réseau de rues, à travers lesquelles chevaux et voitures pouvaient circuler aisément. Ils aboutissaient à deux grandes rues qui s'entre-croisaient. La plus longue, dirigée du sud-ouest au nord-est, allait de la nécropole au quartier juif et se terminait, à l'orient, près de la porte de Canope, aujourd'hui porte de Rosette. L'autre coupait la première à angle droit, et courait entre deux portes, la porte du Soleil et celle de la Lune, portes qui ont aujourd'hui disparu. Du port intérieur, situé sur le lac Maréotis, à la mer, et de la mer au port intérieur, le commerce d'Alexandrie suivait quotidiennement la même voie. Aux jours de fête, le peuple se répandait dans les belles rues et se portait au Bruchion. Là, s'élevaient les palais des rois, le musée et sa bibliothèque, les temples les plus nobles des dieux grecs, le Sôma où reposait le corps d'Alexandre le Grand, le Cirque et le Théâtre, le Gymnase, le Stade avec sa piste en forme de méandre.

C'est Ptolémée Soter, d'abord simple gouverneur pour le compte d'Alexandre II, puis roi, qui commença les édifices splendides du Bruchion, dont la plupart furent seulement terminés par son fils Philadelphe. Soter donna tous ses soins au commerce; il agrandit et améliora les ports. Philadelphe organisa le Musée, vaste institut qui fut comme le foyer où venaient se concentrer tous les rayons de la vie intellectuelle; la bibliothèque du Musée fut, à bon droit, renommée comme la plus considérable qu'il y eût dans l'antiquité. Au temps de César, quand elle devint la proie des flammes, elle paraît avoir compté 900,000 volumes.

Lorsque, en 31 avant J.-C., l'Égypte devint province romaine, sa célèbre capitale fut encore embellie d'édifices nouveaux. Dans la plaine à l'ouest d'Alexandrie, à l'endroit où il avait battu Antoine, Auguste fonda le faubourg de Nicopolis. Les Alexandrins élevèrent le Sébastéïon, en l'honneur de Tibère, auprès du Grand Port, dans l'emplacement sur lequel s'élève aujourd'hui l'aiguille de Cléopâtre. Un autre obélisque, qui est resté longtemps gisant à terre, a été enlevé par les Anglais. Le Sébastéïon, à la porte duquel se dressaient les deux obélisques, avait pour annexes des jardins et des portiques, ornés de tableaux et de statues. Il fut brûlé en 366 après J.-C., lors d'une révolte des païens contre les chrétiens. Aujourd'hui, un tailleur de pierres a choisi pour entrepôt l'emplacement du palais antique.

Fig. 3. — Phare de l'ancienne Alexandrie.

La vue de la célèbre colonne de Pompée, nous reporte, elle aussi, à l'Alexandrie des Césars romains. Elle est située au sud-ouest de la ville et marque la place où jadis, au point de contact entre la Nécropole et le quartier égyptien de Rakotis, s'élevait le Sérapéum. Ce n'était pas seulement le temple du Sérapis que les Ptolémées importèrent en Égypte, pour donner à la race mixte qu'ils gouvernaient un dieu devant qui indigènes et Grecs pussent s'incliner avec la même dévotion, c'était aussi une des résidences de l'érudition. Lorsque sous Aurélien, en 273 après J.-C., le Bruchion, et avec lui les édifices du Musée, fut détruit de fond en comble, le Sérapéum devint le rendez-vous des savants. Puis, lorsque Théodose eut lancé son édit contre les images des divinités païennes, le temple de Sérapis fut, lui aussi, jeté bas, et avec lui la statue du dieu. Rien ne subsiste de ce splendide édifice, que des piliers étendus sur le sol et la colonne de Pompée. Un cimetière arabe couvre l'emplacement de ses tombes innombrables.

La colonne de Pompée, ce dernier témoin d'une grandeur passée, se détache aujourd'hui encore sur le ciel, svelte et blanche, et n'a que peu souffert. C'est le seul monument de l'art grec qui puisse se comparer, pour la taille, aux ouvrages du temps des Pharaons; c'est de plus un chef-d'œuvre de proportions. Elle est en syénite, et, avec le socle quadrangulaire sur lequel elle porte, avec le chapiteau corinthien à moitié fruste ou inachevé qui la couronne et qui servait autrefois de base à une statue, elle atteint une hauteur de 31^{m}, 80. Elle doit son nom actuel, non pas au grand Pompée que son pupille Ptolémée assassina sur le rivage de l'Égypte, mais à un préfet romain qui la fit dresser, comme le prouve l'inscription, en l'honneur de César Dioclétien, le *Génie de la ville;* c'était une manière de le remercier du blé dont il avait fait cadeau aux Alexandrins.

Le christianisme s'est développé et a reçu son éducation dans Alexandrie, après être né en Palestine. Plus d'un martyr subit le supplice dans Alexandrie; mais aussi, quand le christianisme fut devenu religion d'État, le paganisme y eut ses martyrs à son tour. Dès le troisième siècle, le patriarche

Théonas avait pu oser dédier dans Alexandrie une église à sainte Marie. Au quatrième siècle, après la mort de Julien, l'Égypte entière se soumit au christianisme. Mais des querelles célèbres sur des questions de dogme s'engagèrent à Alexandrie. Celles qui ont eu les conséquences les plus importantes touchaient à la question de savoir si Jésus était semblable ou égal à Dieu en substance, en d'autres termes si l'on doit croire à deux natures en Jésus-Christ ou bien à une seule, la divine. La croyance en une seule nature, défendue par Eutychès, fut rejetée par le concile de Chalcédoine, mais c'est encore aujourd'hui celle des chrétiens indigènes qu'on nomme *Coptes*.

L'orthodoxe Byzance fut plus fatale à Alexandrie chrétienne que ne l'avait été Rome païenne : elle chercha à déplacer le centre scientifique du monde et à dépouiller sa rivale de son éclat littéraire. Les garnisons byzantines étaient trop faibles pour défendre l'Égypte contre les razzias des pillards du désert. Les moissons et l'exportation des blés diminuèrent, le commerce s'arrêta; survinrent la peste, la famine, les révoltes furieuses des habitants exaspérés.

La ville d'Alexandrie tomba aux mains des Arabes l'an 20 de l'Hégire (642). La population comptait encore 600,000 habitants. Les murs d'Alexandrie furent abattus. Les chapelles et les cloîtres tombèrent; les minarets élancés, couronnés du croissant, dominèrent de haut les tours trapues des églises chrétiennes. Une vie nouvelle et pleine de sève ne tarda pas à se répandre dans le pays. L'art et la science, le commerce et l'industrie se développèrent puissamment. Mais la ville d'Alexandrie ne fut plus le point central où résidèrent la puissance et le pouvoir de l'Égypte.

C'est au Caire que les gouverneurs, nommés par les califes, tinrent leur cour ainsi que les califes eux-mêmes. Alexandrie continua, il est vrai, à servir au commerce marime de l'ouest et du nord, mais elle trouva des concurrents dans les nouveaux marchés arabes et les ports de la Méditerranée, Venise et Gênes, et le nombre des navires qui pénétrèrent dans ses ports diminua de plus en plus. Elle était presque ruinée, quand l'armée française y débarqua en 1798, quand Bonaparte remporta en vue des Pyramides la brillante victoire qui lui livra l'Égypte et quand Nelson anéantit près d'Aboukir la flotte française. On sait ce que fut la courte époque de la domination française, avec ses brillants commencements et sa fin malheureuse ; elle eut pour résultat, non seulement de diriger dans des voies nouvelles la destinée politique de l'Égypte, mais d'attirer l'attention de l'Europe savante sur la terre antique des Pharaons et sur ses monuments gigantesques.

Parmi les officiers subalternes envoyés par les Turcs contre les Français, se trouvait, en 1802, un homme qui a su produire dans la vallée du Nil une transformation complète, Mohammed-Ali. Il se servit pour cela de la civilisation de 'Occident. Il appela à lui des ingénieurs et des architectes européens, dès qu'il s'agit de creuser, d'élargir et de fortifier le vieux port, nouvellement ouvert aux vaisseaux de outes les nations. Comprenant la nécessité, pour le développement d'Alexandrie, d'un approvisionnement régulier d'eau potable et d'un canal qui l'unît au Nil, il appela les paysans à la corvée de toutes les parties de l'Égypte, et creusa un canal navigable qui, décrivant une large courbe, contournait le lac d'Edkou, et s'embranchait à Foum-el-Mahmoudiyeh sur le bras de Rosette. Grâce à ces importants travaux, les produits de l'Égypte purent arriver de nouveau dans le port d'Alexandrie, le sol durci de la ville put être arrosé, et les habitants eurent l'eau nécessaire à leur subsistance.

Fig. 4. — Vue du canal de Suez.

Les successeurs de Mohammed-Ali, à l'exception d'Abbas, suivirent son exemple, et mirent leurs soins à développer tout ce qui pouvait rendre les communications faciles entre Alexandrie et le reste de l'Égypte ainsi que l'Europe.

Le canal Mahmoudiyeh s'envasait : Saïd-Pacha, prédécesseur d'Ismaïl, le fit curer, approfondir, et y maintint l'eau toujours courante au moyen de travaux grandioses. Il termina le chemin de fer d'Alexandrie au Caire, et commença l'exécution de ce réseau de voies ferrées dont les mailles, se resserrant toujours, couvrent le Delta, rattachent le grand port de la Méditerranée au port de Suez, et relient les villes les plus importantes du Delta les unes aux autres.

L'histoire n'oubliera pas que Saïd-Pacha accueillit avec faveur les plans de M. de Lesseps, quand celui-ci lui proposa de percer l'isthme de Suez et de mettre la mer Rouge en communication avec la Méditerranée, et qu'il assura au génie et à la persévérance de notre compatriote les moyens de réaliser son idée. Mais il mourut en 1863 et il eut pour successeur le petit-fils de Mohammed-Ali, Ismaïl, fils d'Ismaïl-Pacha, le glorieux vainqueur de Nézib.

Ismaïl, khédive ou vice-roi d'Égypte en 1867, n'a pas moins fait pour Alexandrie que ses prédécesseurs. C'est lui qui a terminé le percement de l'isthme de Suez. Grâce à lui, les principales voies d'Alexandrie ont été pavées et pourvues de trottoirs. Il a fait construire des hôpitaux. C'est pour les successeurs de Mohammed-Ali un vrai titre de gloire, non seulement de n'avoir jamais entravé les émigrants de foi différente dans l'exercice de leur culte, mais d'avoir favorisé l'érection de leurs églises par des dons de terrain. Coptes et

Grecs des deux confessions, catholiques romains, protestants, communautés anglicanes et presbytériennes, tous ont là leurs temples, et les Juifs accomplissent, dans de magnifiques synagogues, les cérémonies de leur culte, sans en être empêchés par les Musulmans.

Mais il était réservé à Alexandrie, durant ces dernières années, de devenir le théâtre de faits graves qui devaient, pendant un temps, compromettre son développement et sa prospérité. L'opposition des intérêts français et anglais dans cette partie du monde amenait en 1879 la déposition du khédive Ismaïl-Pacha en 1879, et l'institution d'un contrôle anglo-français sur les finances égyptiennes. Peu après, une émeute militaire, suscitée par le parti national, éclatait au Caire; elle avait à sa tête le colonel Arabi-Bey. Une protestation eut lieu d'abord par la voie diplomatique contre les agissements d'Arabi. Mais les choses allèrent en s'aggravant. Le 11 juin 1882, à la suite d'une rixe entre Maltais, Grecs et Arabes, une sorte d'émeute éclata à Alexandrie. Un grand nombre d'Européens, parmi lesquels quatre Français, furent tués; quelques-uns furent blessés et parmi ceux-ci les consuls d'Angleterre et de Grèce, le vice-consul et le chancelier du consulat d'Italie. Ce n'est pas tout. L'amiral Seymour, commandant la flotte qui était depuis quelque temps devant Alexandrie, s'aperçut que l'on faisait dans cette place des armements et des travaux de fortification. Il intima l'ordre au gouverneur de la ville de les cesser immédiatement, sous peine de bombardement; dans les vingt-quatre heures, les forts qu'il désignait devaient être démantelés. Mais ces représentations ne furent pas écoutées.

A ce moment, le gouvernement français rappelait son escadre. L'Angleterre fut seule à agir. Le 10 juillet, les cuirassés anglais sortirent du port intérieur et commencèrent à prendre position. Le premier coup de canon fut tiré, le 11 à sept heures du matin, contre les ouvrages en terre de Ras-el-Tin. Vers dix heures, ces ouvrages étaient presque complètement réduits au silence; le palais du khédive, placé en arrière, était en partie démoli et incendié. A deux heures et demie, le fort Pharos dut à son tour cesser le feu. Toutes les autres batteries furent en partie détruites. L'action générale se termina à cinq heures et demie de l'après-midi, et les bâtiments vinrent prendre leur poste de mouillage pour la nuit.

Le 12 juillet, quelques coups étaient encore tirés sur les batteries du port. Le 13 juillet, la ville brûlait sur plusieurs points; le harem du palais de Ras-el-Tin était en feu et les forts évacués. Pendant le bombardement, les troupes d'Arabi-Pacha s'étaient livrées à d'épouvantables représailles. Ses soldats s'étaient rués à travers la ville, la torche et le sabre à la main, massacrant tous les Européens qu'ils rencontraient; les magasins furent pillés, les maisons incendiées, les forçats furent mis en liberté et se joignirent aux pillards. Ce fut un horrible massacre. Le 13, à six heures du soir, l'incendie éclata sur plusieurs points à la fois, au boulevard Ramleh, au consulat de France, à l'hôtel de l'Europe. Les soldats et les indigènes répandaient des bidons de pétrole sur les maisons et jetaient sur les édifices d'énormes projectiles de laine enduits de pétrole, avec un noyau de goudron et de poix; ces engins avaient évidemment été préparés à l'avance.

L'armée égyptienne, officiers et soldats, avait pris sa part à ces actes de sauvagerie.

Le lendemain, le quartier européen d'Alexandrie ne présentait plus, sur une longueur d'au moins deux kilomètres, qu'un amas de ruines. La colonie française et le commerce français ont été vivement atteints par ces déplorables événements, et aujourd'hui encore Alexandrie a quelque peine à se relever de ce désastre.

D'après le recensement de 1882, cette ville comptait 208,750 habitants.

CHAPITRE II.

A TRAVERS LE DELTA.

Une ligne de chemin de fer descend vers le sud à travers des sites qu'ornent çà et là des palmiers et des minarets surmontés du croissant, et les voyageurs reçoivent par les fenêtres une poussière qui est celle du désert. A gauche, on aperçoit les voiles des bateaux qui naviguent sur le canal Mahmoudiyeh; à droite, l'ancien lac Maréotis étend ses eaux. Jadis, les ports profonds et bien abrités d'Alexandrie renfermaient des milliers de vaisseaux, et les maisons de campagne s'alignaient sur ses rives. Une large nappe d'eau étincelante apparaît sur la gauche : c'est le lac d'Aboukir. Son nom lui vient d'un village de pêcheurs, construit sur une pointe à l'ouest d'Alexandrie, et misérable s'il en fut, mais célèbre comme peu d'endroits le sont ici-bas : n'est-ce pas en face d'Aboukir qu'a été livrée l'une des plus importantes batailles navales de notre siècle, celle où Nelson anéantit, le 1er août 1798, la flotte de la République française, commandée par le vaillant mais infortuné Brueys? En vue des lacs d'Aboukir, on ne peut pas ne pas rappeler ces combats, dans lesquels vainqueurs et vaincus cueillirent sur mer tant de lauriers et la mort gagna une si riche moisson, sur mer d'abord, puis, en 1801, sur terre lors du siège d'Alexandrie par les Anglais. Cent cinquante bourgs et villages furent balayés de la face du monde, de même qu'on efface d'un coup d'éponge une phrase écrite sur un tableau, quand, non loin d'Aboukir, l'armée britannique rompit la bande de terre qui protégeait le sol cultivé et se servit de l'eau salée comme d'un allié redoutable, pour envahir le territoire désormais sans défense.

Les lacs ont disparu. La campagne des deux côtés du chemin de fer devient de plus en plus verte. Damanhour est la première ville où l'on s'arrête pour renouveler l'eau de la machine. C'est la vieille ville d'Horus, la Petite Apollinaris des Grecs, où réside aujourd'hui le préfet (*moudir*) d'une grande et fertile province. Des maisons grises d'une étendue imposante se groupent derrière la gare, sur la croupe d'une colline de moyenne hauteur, des minarets montent sveltes vers le ciel, ici comme partout ailleurs; voisines immédiates de la voie ferrée, reluisent les dalles blanches du cimetière arabe. La veuve assise sur le tombeau de son mari regarde vaguement dans l'espace, sans souci du train qui passe à grand bruit auprès d'elle.

Les prairies verdoyantes se déploient sans mesure et sans limites, les bourgs semblent de loin autant de monticules ou de fourmilières, ceints de palmes vertes et souvent adossés à des monceaux de décombres, débris des villes du temps jadis. Sur les hautes chaussées qui dominent la campagne s'espacent de longues files de chameaux et d'ânes avec leurs

Fig. 5. — Un bourg du Delta.

conducteurs; des buffles noirs descendent à l'eau pour boire, et des volées d'oiseaux grands et petits, plus nombreuses qu'en Europe, peuplent les airs. Des bœufs paissent, des hommes à moitié nus et des femmes en longue robe bleue travaillent dans un champ de coton. Mais voici des voiles gonflées au vent, voici la nappe éclatante d'un large fleuve! C'est le Nil; non pas le Nil entier, mais un des bras principaux qui conduisent ses eaux à la mer.

Le train s'engage avec un bruit de tonnerre sur un pont de fer; on arrive à Kafr-el-Zaiyat, où, pour visiter le Delta, on doit laisser le chemin de fer et louer un bateau. Vent et courant portent rapidement le voyageur sur la branche de Rosette, bien avant dans l'intérieur du Delta propre. Le bras de Rosette, dont on suit les replis, répond à l'antique embouchure Bolbitine. Le papyrus, qu'on cultivait avec soin sur ses rives, a presque entièrement disparu de toute l'Égypte. Les crocodiles et les hippopotames, qui se montraient encore sous la domination arabe, ont suivi le papyrus, bien qu'on signale encore quelques crocodiles isolés dans la haute Égypte. Sous les Byzantins, le Delta ne fut plus qu'imparfaitement cultivé. Après la chute des Fatimites et la mort du grand Saladin, sous les sultans mamelouks, et plus tard, après l'incorporation de l'Égypte à l'empire ottoman, la rapacité administrative des pachas et des beys turcs diminua de plus en plus la portion cultivée du Delta. Des bancs de vase obstruèrent les embouchures; le débit du fleuve devint plus restreint, et le Nil fut obligé de se chercher des lits nouveaux et plus profonds. Le réseau des canaux a changé depuis les Romains jusqu'à nous au point d'en être presque méconnaissable, et ce que nous disons du cours des eaux peut s'appliquer aussi à la végétation qui leur doit la vie. De nouvelles plantes ont été expulsées, non seulement le papyrus et le lotus, mais en partie du moins les anciennes céréales.

Sur les rives, les champs, les prairies, les bourgs et villages se succèdent. Ici, des palmiers et des buissons se disposent en groupes gracieux, là les femmes d'un village descendent au fleuve en longue file pour puiser de l'eau.

Le monde ne renferme pas de terres plus fertiles que ces rives du Nil; il en renferme peu qui mettent à plus rude épreuve l'industrie du cultivateur. Des appareils de diverses sortes sont employés pour l'arrosage des buissons de cotonniers, des champs de blé, de lin et d'indigo.

Mais que sont ces bourgs bâtis juste sur la rive et les habitations qu'ils contiennent? Un torchis de limon du Nil, un toit en branches et en pousses de palmiers sur lesquelles on étend de la terre, voilà la cabane d'un fellah pauvre; les paysans riches habitent des maisons de briques séchées au soleil; les maires de village, assez fréquemment, des bâtisses somptueuses en briques cuites. Aucune fenêtre n'ouvre sur la rue; au-dessus de beaucoup de portes, des ornements fort simples, losanges, oves, spirales. Des tas d'ordures, recouverts de mauvaises herbes, dans lesquels les chiens poltrons cherchent leur nourriture avec force glapissements, barrent la rue du village; parfois on rencontre le cadavre en décomposition d'un âne tombé sur place. Un minaret domine huttes et maisons; des sycomores, le plus bel ornement de la localité, étalent leurs couronnes ombreuses, des dattiers élancés se bercent au vent, des acacias couverts de longues grappes de fleurs exhalent un doux parfum, des tamaris toujours verts ou des caroubiers s'élèvent, chargés de leurs gousses.

Si pauvre que soit un bourg de la sorte, on y rencontre ra-

Fig. 6. — Ruines de Saïs.

rement la mendicité et la misère, rarement aussi le bien-être campagnard, qu'on serait en droit d'attendre sur ce sol béni. La meilleure partie du pays appartient au khédive, au pacha, au bey; le fellah n'y travaille qu'en fermier ou journalier, et les impôts qu'il doit payer, dès qu'il possède du terrain en propre, sont hors de proportion avec ses revenus. Le paysan patient se soumet, comme à une loi de nature irrésistible, à l'oppression qui pèse sur lui depuis la fondation de l'empire des Pharaons; cette oppression, après avoir atteint son plus haut degré au temps des mamelouks et des beys, existe encore maintenant, bien que le gouvernement soit plus intelligent et sache, sans compter, consacrer des millions à l'introduction d'améliorations économiques.

Qu'on laisse le bateau et qu'on s'enfonce dans l'intérieur des terres, on trouve, un peu plus loin vers le nord, un bourg, des collines de décombres, un petit lac; sur le bord de l'eau, des cigognes et une bande de hérons argentés, qui laissent approcher jusqu'à la distance de quelques pas, avant de détourner leur cou gracieux et de s'élever sur leurs ailes, pour s'en aller planer dans la direction du Nil, comme un nuage blanc. Ce sont les ruines de Saïs, la brillante résidence des Pharaons, la ville savante où florissait une école non moins célèbre parmi les Grecs que parmi les Égyptiens. Le bourg, dont la mosquée s'élève auprès des ruines, a conservé le nom orgueilleux de Saïs, sous la forme Sa ou Sa-el-Hagar. Jamais la prospérité matérielle de l'Égypte, jamais le nombre de ses villes et de ses habitants n'a été porté aussi haut qu'il le fut sous le règne de cette dynastie saïte, amie des Grecs. Mais depuis? Un sentiment d'épouvante glace le sang, quand on jette les yeux sur les plaines désertes et sur les misérables ruines grises qui nous entourent. Pendant les premiers siècles de l'ère chrétienne, Saïs est encore citée comme étant le siège d'un évêché. Plus tard, nulle mention n'est faite de son existence : quant à son passé, il vivra toujours dans la mémoire des hommes.

Plus loin encore vers le nord, après trois heures de navigation, on arrive dans le port d'une jolie ville, Dessouk. Son marché hebdomadaire et son marché aux chameaux sont renommés. Devant la mosquée du cheik Ibrahim, paysans et Bédouins, en groupes pittoresques, font affaire, bavardent, jouent les uns avec les autres. La coupole majestueuse de la mosquée vient d'être fraîchement peinte, car bientôt, huit jours après la foire de Tantah, le jour de fête du saint de Dessouk, dont la renommée ne le cède, en Égypte, qu'à celle du saint Scyid-cl-Bcdaoui de Tantah, sera célébré par la prière et le marché annuel, par des récitations du Koran, enfin par des danses religieuses et des réjouissances publiques. Rien de plus oriental que ce spectacle. Parmi les femmes qui apportent au marché des légumes et de la volaille, ou vont en groupes animés s'approvisionner d'eau pour les besoins de la maison, se glisse plus d'une apparition pittoresque. Peut-être est-ce à Dessouk que s'élevait l'ancienne Naukratis.

Si l'on continue vers le nord, on rencontre sur la droite la petite ville proprette de Fouah, sur la gauche Foum-el-Mahmoudieh, où des machines à vapeur refoulent l'eau du fleuve dans le canal qui réunit Alexandrie au Nil. On passe ensuite devant la colline d'Abou-Mandour, couronnée de palmes, et le port de Rosette apparaît, encombré de bateaux arabes. Beaucoup de maisons de belle apparence, ornées de balcons, élevées à plusieurs étages, et presque européennes d'extérieur, donnent l'impression d'une ville trop spacieuse pour ses 17,000 habitants. Les jardins de Rosette sont charmants et bien entretenus; la ville s'appelait en copte Ti Rashit, qu'on peut traduire par *la Ville de la Joie*. En sortant par la porte du nord, on rencontre quelques ouvrages de défense, entre autres le fort Saint-Julien. C'est en ce lieu qu'en 1799 fut trouvée la célèbre *pierre de Rosette*.

Après avoir visité ce bras du Nil, le voyageur pourra redescendre jusqu'à Dessouk, prendre de nouveau le chemin de fer et gagner Tantah. C'est une ville égyptienne de 35,000 habitants, résidence du moudir d'une province importante. En face de la gare, commence une rangée de belles maisons bâties en style demi-européen; le château du vice-roi rappelle une caserne et il est vaste autant que laid; la poussière blanchâtre qui recouvre les larges chaussées est brûlante sous l'influence du soleil de midi. Les rues ombreuses et fraîches qui conduisent dans l'intérieur de la ville ne présentent qu'une série de murs complètement nus. Çà et là pourtant, une moucharabieh fait saillie sur la paroi grisâtre, ou bien les délicates découpures d'un montant ou d'un arceau de porte, viennent réjouir la vue.

C'est dans le bazar principal que se tient le grand marché de la ville. On y est emporté par le flot de la foule, et bientôt on arrive devant la mosquée neuve. Elle est grande et bien entretenue, mais l'incorrection de ses formes satisfait médiocrement le regard. La foire s'ouvre par une procession solennelle au tombeau du saint Séyid-el-Bédaoui. Nul pèlerinage en Égypte n'attire autant de monde.

Ces multitudes ne se réunissent pas seulement en l'honneur de la religion : des motifs tout à fait profanes les attirent encore à Tantah. L'offre et la demande se font en grand à la foire et, même pendant le pèlerinage de la Mecque, les musulmans ont la permission de se livrer au trafic. Chevaux et chameaux, bêtes à cornes et à laine arrivent ici en im-

Fig. 7. — Maison avec moucharabieh.

menses troupeaux, et sont mis en vente; la spéculation sur les produits du sol est considérable. Souvent, on aperçoit, derrière l'étalage, le fabricant en pleine activité; c'est une marque que les marchandises offertes sont de première main et que le maître peut répondre lui-même de la valeur de son propre travail. Les gargotes sont assiégées; mais l'homme distingué se contente d'y acheter, en guise de goûter, un morceau de pain de dattes. C'est une pâte formée de dattes dont on a retiré les noyaux et qu'on a pétries ensemble : elle attire, plus encore que les acheteurs, les mouches, auxquelles le marchand livre une bataille perpétuelle. Enfin, la foire est un lieu de ralliement, où arrivent, de tous les points de l'Égypte, les danseuses, les chanteuses, les charlatans, les bateleurs de toute sorte, et l'on doit ajouter que les voleurs n'y font pas défaut non plus.

Néanmoins, les pèlerins de Tantah n'oublient pas que le but principal de leur voyage est le cercueil du saint Séyid Ahmed-el-Bédaoui. Ce faiseur de miracles naquit vers l'an 1200 après J.-C., à Fez, où sa famille, qui naturellement prétendait descendre du prophète en ligne directe, s'était réfugiée, venant de l'Irak. Dans sa septième année, il fit le pèlerinage de la Mecque avec ses parents et passa sa jeunesse dans cette ville. C'était alors un gai compagnon, à qui ses folies valurent le surnom de *cerveau brûlé*. A vingt-sept ans il perdit son père; alors une transformation s'opéra en lui. Il ne parla plus que par signes, macéra son corps pendant quarante jours; il entendait des voix intérieures, et pendant la nuit voyait en rêve des figures bizarres. Ses concitoyens commencèrent à le vénérer comme un élu de la grâce, et il fut accompagné partout d'un grand renom de sainteté. Il s'établit à Tantah, où il mena une vie ascétique d'une rigueur inouïe. On lui attribuait toutes sortes de miracles, même d'avoir rendu la vie à des cadavres. Il trépassa à l'âge de quatre-vingt-seize ans.

On ne commença à fêter le jour de sa naissance que

longtemps après, mais cette fête gagna d'année en année plus de faveur.

Les fêtes de Tantah sont toujours l'occasion de troubles et de querelles. Le gouvernement du Caire en a plusieurs fois décrété la suppression, mais en vain, tant on craint la colère de ce saint, si dangereusement vindicatif, quand on s'attaque à son culte. Il passe pour accomplir quantité de miracles. Derrière une grille en bronze ouvragé, sont dressés et son sarcophage en granit recouvert de velours rouge et le sarcophage de son fils Farag. Une ferveur respectueuse se peint sur les traits des dévots qui viennent y prier; ils en sortent riches d'espoir et de sérénité.

CHAPITRE III.

GOSEN.

Le pays de Gosen fait revivre à l'esprit les images bibliques : elles revivent en nous et invitent à visiter ces lieux connus dès l'enfance, que Pharaon concéda à son ministre Joseph pour les siens et leurs troupeaux. Autant qu'on peut en déterminer les limites, le territoire du vrai Gosen, c'est-à-dire de la province orientale du Delta, affectait la forme d'une trompe de chasse dont le pavillon venait aboutir à la grande voie d'eau qui sépare l'Afrique de l'Asie. Le canal d'eau douce, qui existait déjà au temps du séjour d'Israël en Égypte, et qui a été récemment rétabli par M. de Lesseps, baignait la frontière sud ; au nord, le lac Menzalèh ; à l'ouest, l'ancienne branche tanitique, réduite aujourd'hui à n'être plus qu'un canal étroit.

Quelque grands changements qu'aient opérés les siècles dans Gosen, ils n'ont pu effacer les traits qui en caractérisaient le paysage. Partout où atteint l'inondation du Nil, de même que le long des rives du canal d'eau douce, la terre fécondée récompense le travail du paysan par de riches moissons; dans les parties hautes, au contraire, s'étendent de vastes plateaux arides.

L'ancienne Bubastis, aujourd'hui Zagazig, sert de centre au commerce de la province orientale, et les principaux employés du gouvernement y résident. Il y a beaucoup à voir dans la gare de cette ville florissante. Les salles d'attente sont d'une propreté aussi occidentale que les bureaux de négociants européens dans la ville même. Ce sont d'étranges compagnons de route que ceux que l'on trouve dans cette gare. Ce sont surtout les pèlerins de la Mecque, venus de toutes les parties de l'Orient qui, pendant les semaines qui précèdent le mois du pèlerinage, attirent le regard de l'étranger. Chaque musulman doit, une fois au moins dans la vie, aller aux lieux saints, devoir que les chemins de fer et les bateaux à vapeur ont rendu plus aisé de notre temps. Les Kabyles élancés de l'Algérie et les Maures de Tunis, avec leurs burnous blancs, présentent l'aspect le plus majestueux. Ce sont les Tartares qui tiennent le plus à leur confort : ils portent avec eux leur samovar russe et ne peuvent pas, même au milieu des sables arides du désert et sous le soleil d'Afrique, se séparer de leurs bottes et de leurs bonnets de fourrure.

Là-bas, à quelques minutes de la gare, s'élève une butte haute et étroite, qui renferme les ruines de la vieille Bubastis. Les Arabes appellent *Tell-Basta* les ruines de Bubastis. La capitale, d'où la province allouée à la race de Joseph tirait son nom de *Gosen*, s'appelait Pa ou Pha-Kos. Les Hébreux l'appelaient Gosen ainsi que son territoire; aujourd'hui encore s'élèvent, auprès du village arabe de Fakous, des monceaux de ruines. On peut maintenant gagner Fakous en chemin de fer. De là on va à travers Gosen jusqu'à Zoan, la Sân d'aujourd'hui, la ville où Moïse accomplit ses miracles devant Pharaon.

La première partie de la route s'effectue à travers un pays bien entretenu, coupé de canaux, et différant fort peu de celui qu'on rencontre du côté de Rosette. Auprès de quelques maisons de paysans, on voit des jardins potagers en pleine prospérité ; parmi les palmes, plus d'un arbre et d'un arbuste européen, même le blé d'Égypte avec ses lourds épis, me rappelèrent le souvenir de la patrie. Les champs cessèrent enfin, et on met le pied sur le sol du désert, sol stérile, couvert çà et là d'efflorescences salines comme d'une mince couche de glace. Bientôt la solitude du désert enveloppe de toutes parts. Mais la brillante imagination des Arabes peuple ce désert sans vie d'un monde de formes fantastiques et merveilleuses. Ici s'assemblent et habitent les races des esprits, ici se donnent rendez-vous les djinns et les goules, qui traversent l'air sur des montures bizarres en formes d'animaux, sauterelles, porcs-épics, araignées. Les djinns s'élèvent jusqu'au ciel pour en surprendre les mystères; mais les anges font bonne garde, et les étoiles filantes, que le voyageur campé au désert voit tomber pendant les nuits tranquilles, sont les traits enflammés qui rejettent à terre les esprits rebelles.

Quand on traverse le désert silencieux, parfois, aux heures de la prière, un appel éclatant, prolongé, vient frapper les oreilles. Une crainte légère vous saisit : vous escaladez en hâte la colline qui vous masquait l'horizon, et vous voyez, entouré de ses brebis bariolées, un berger solitaire qui, de sa voix la plus forte, lance sa prière au vent. Les esprits entendront l'isolé, et lui rendront témoignage au jour du jugement. Ne ressemblent-ils pas aussi à des spectres ces voyageurs arabes, perchés sur leurs chameaux, enveloppés de vêtements clairs, muets et accompagnés de vautours, lorsqu'aux heures du crépuscule ils s'avancent sur les routes silencieuses du désert?

Ce sont là les terreurs du désert, mais il a aussi des attraits irrésistibles. Çà et là, on rencontre des Bédouins, reposant sous leurs tentes basses avec quelques chameaux et de petits troupeaux de bétail amaigri. Là, on atteint la bande étroite de terre fertile qui borde l'ancien bras tanitique du Nil. Au temps des Pharaons, il arrosait la partie la plus considérable de Gosen plus abondamment qu'aujourd'hui. On l'appelle à présent canal Moezz, canal de Sân-el-Hagar. De l'autre côté de l'eau, sont les huttes de pêcheurs du bourg de Sân. Ceux-ci aident à traverser le canal sur leurs larges épaules. C'est là que sont les ruines de Tanis.

Beaucoup de villes et de temples ont laissé des débris plus considérables et mieux conservés : aucun amas de décombres ne l'emporte sur celui-ci en charme pittoresque. La ville devait être fort grande ; c'était une des résidences royales les plus brillantes et un des centres policés du royaume. Ce n'est qu'à Thèbes qu'on retrouve pareille abondance de monuments en granit ; mais aucun des édifices somptueux qui se dressaient ici jadis n'est assez bien conservé pour qu'on puisse en retracer le plan géométrique. On peut dire que chaque époque de l'histoire d'Égypte, à l'exception de la plus ancienne, a laissé un souvenir dans le pays de Gosen. Près de Maskhouta, on peut voir, sans parler d'un monument de granit, une muraille épaisse bâtie en briques estampées au nom du Pharaon de l'Exode. On en trouve de pareilles à Tanis, que les monuments appellent aussi la *ville de Ramsès*, et la Bible *Ramsès* tout court.

Fig. 8. — Vente du poisson à la criée, à San.

C'est à Ramsès et à Pithom que les Égyptiens obligèrent les enfants d'Israël au travail forcé, et leur rendirent la vie amère par une dure servitude.

Deux fois par semaine, à Tanis, les pêcheurs mettent à l'encan de grandes corbeilles en roseaux remplies de poissons du lac Menzaleh. Rien, en Égypte, n'est plus véritablement africain que la population des eaux. Le Nil nourrit les mêmes poissons que le Sénégal : avec leurs têtes plates, leurs petits yeux, leurs longues barbes, ils semblent appartenir à un âge du monde antérieur à celui auquel appartiennent les gracieux habitants de nos eaux douces. La vente se prolonge au milieu d'une grande animation. Les pêcheurs essayent de couvrir la voix l'un de l'autre, le feu brille dans leurs yeux noirs; ils tirent avec violence leur corbeille à eux quand on leur offre trop peu. Mais les pêcheurs ne rapportent pas chez eux beaucoup d'argent, car ils n'ont qu'un tant pour cent sur le prix de leur prise : le gros du profit revient au possesseur du droit de pêche, sur le lac Menzaleh, droit qui est affermé chaque année pour 1,500,000 francs.

Le lac de Menzaleh est grand, semé d'îles, et séparé de la mer par une langue de terre fort mince. Il est si richement peuplé d'oiseaux de toute espèce, que le savant Brehm affirmait qu'ils usaient chaque jour pour leur nourriture 60,000 livres de poisson. C'est le paradis des oiseaux. Le chasseur, en allant d'île en île, peut faire un butin immense. L'eau est presque partout peu profonde et ne submerge les îles les plus basses que pendant le temps de l'inondation. On ne saurait douter que ces larges espaces, aujourd'hui recouverts par les eaux, n'aient servi aux paysans de champs et de pâturages dans les temps plus anciens. Sur plusieurs des îles on trouve encore les traces d'une ancienne culture, qui ne s'est éteinte complètement que depuis quelques siècles.

Tournons-nous maintenant à l'ouest. Dans les environs de Damiette (Damyat), à l'embouchure de l'ancienne branche Phatnitique, aujourd'hui bras de Damiette, nous trouvons une contrée plate et unie comme tout le Delta, mais qui pourtant présente beaucoup de traits particuliers. Et d'abord, l'Européen remarquera les champs de riz nettement

Fig. 9. — Barque de pêcheurs sur le lac Menzaleh.

tracés. On les cultive ici de préférence en septembre et octobre. Cette espèce de céréales n'était pas tout à fait inconnue des Égyptiens, au temps des successeurs macédoniens d'A-

Fig. 10. — Murs de soutènement le long du bras de Damiette.

lexandre le Grand; cependant, les Arabes furent les premiers à en importer la culture de l'Inde, d'où elle est originaire, aux bords du Nil.

De Damiette même, il y a peu de chose à dire. Un banc de sable rend difficile l'entrée du port, que bordent de hautes maisons mal entretenues. Le bazar est d'une longueur inusitée. Les mosquées renferment des colonnes précieuses arrachées à des constructions antiques, les faubourgs ont de superbes jardins. Damiette compte aujourd'hui 30 à 40,000 habitants. Dans l'antiquité, elle n'était point célèbre. Sous les Arabes, elle fut renommée à cause de ses filatures, où se fabriquaient des étoffes ornées d'images et des brocarts d'une grande finesse. Le long siège qu'elle eut à subir de la part des croisés, et qui se termina par la prise de la ville, lui assure une place dans l'histoire.

Les fermes du voisinage de Damiette possèdent de grands sycomores majestueux et bien proportionnés ; d'autres espèces d'arbres ombragent les approches des villages. Dans les jardins fleurissent les pêchers et maint autre arbre fruitier. Partout on entend le grincement des norias, mises en mouvement par des buffles ; elles versent une eau abondante dans des canaux et des rigoles à ciel ouvert, qui la distribuent aux champs. Le bétail réussit à merveille ; les buffles et les bœufs, le beurre et le fromage de Damiette n'ont point leur pareil dans toute l'Égypte.

Mansourah (27,000 âmes) est, après Tantah, la ville la plus importante de l'intérieur du Delta. C'est la capitale de la riche province Dakaliyeh, où le commerce du coton a attiré nombre d'Européens, surtout des Anglais, des Allemands et des Suisses. Mansourah est relativement une ville neuve : elle fut construite sur l'ordre du calife Malek-el-Kamel, vers 1220, pendant les croisades, après la prise de Damiette par les chrétiens. En ce temps, on trouvait dans le voisinage un port solide qui reliait les deux rives du fleuve; aujourd'hui, on n'arrive qu'en bateau à Talkha, vis-à-vis de Mansourah, où est la station de chemin de fer. On sait quels souvenirs historiques se rattachent à Mansourah. Le roi de France Louis IX fut battu, sous les murs de cette ville, par l'armée du jeune sultan, el Mo'azzam Touran-chah, et dut se rendre aux infidèles, avec son frère Charles d'Anjou et la fleur de la chevalerie (1250). Le sultan traita son ennemi prisonnier avec considération, mais fut tué par ses propres soldats. Louis et ses barons conquirent la liberté au prix d'une lourde rançon et de l'évacuation de Damiette.

On peut aller de Mansourah à Behbit-el-Hagar, l'une des plus remarquables parmi les villes ruinées de l'Égypte. Rien de plus gai, pendant la traversée, que la vue des champs bien cultivés sur les deux rives du fleuve. Les rues et les places de la cité antique ont complètement disparu, mais les débris en granit du temple d'Isis de Hébit sont assez solides pour défier encore plus d'un siècle.

CHAPITRE IV.

LE CAIRE. — SES ORIGINES.

Les Pyramides sont la marque distinctive du Caire. C'est à elles que s'attache la plus ancienne histoire de la métropole aujourd'hui disparue de la terre, Memphis, dont le Caire doit être considéré comme le successeur. Mille fois on a appelé le Caire *la cité des pyramides;* de chaque point de la ville, on aperçoit les formes simples de ces remarquables constructions. Memphis tomba, et de ses ruines le Caire s'agrandit.

A mesure que la ville, fondée en 969 de l'autre côté du fleuve, devint plus importante, les habitants de l'ancienne résidence des Pharaons y émigrèrent, emmenèrent avec eux les vieux édifices memphites, transportèrent au-delà du Nil les blocs bien taillés et les poutres en pierre, et les employèrent, soit à fonder des maisons nouvelles, soit à bâtir de puissantes murailles en maçonnerie. La vieille ville devint une carrière de blocs tout préparés, qu'on ne ménagea point. On s'en servit même avec tant d'imprévoyance, qu'aujourd'hui il ne reste rien de la ville la plus antique et la plus considérable de l'Égypte, rien, si ce n'est quelques tas de décombres et quelques débris plus ou moins endommagés de monuments. Mais la nécropole de Memphis est conservée d'une façon admirable.

C'est au petit port de Bedrechein que l'on débarque pour aller aux ruines de Memphis. La colline qui dominait Memphis était surmontée de la citadelle et du palais des rois, d'où chaque constructeur royal pouvait surveiller l'avancement de sa pyramide. Le groupe de pyramides le plus septentrional, celui d'Abou-Roasch, pouvait être aperçu de là, avant qu'il ne fût détruit. A présent, il n'y a plus de visible sur l'horizon septentrional que les grandes pyramides, celles qu'on nomme les pyramides de Gizèh d'après le bourg voisin, puis, plus au sud, les groupes de Zaouyet-el-Aryan et d'Abousir. A droite et à petite distance, l'orgueilleuse pyramide à degrés de Saqqarah avec ses sœurs très endommagées, et, plus au sud, le groupe des pyramides de Dachour, qui appartient à l'espèce de ce qu'on a appelé *pyramides tronquées*. Les plus méridionales n'appartiennent plus, à proprement parler, à la nécropole de Memphis.

Memphis ne fut pas seulement, dans l'antiquité, une des villes les plus populeuses de l'ancien monde, c'en était aussi une des plus étendues; encore au temps de sa décadence, il fallait une demi-journée de marche pour la parcourir du nord au sud. Sa grandeur reçut le premier coup mortel quand le fils de Philippe fonda Alexandrie et par là donna à la Basse-Égypte un cœur nouveau, où débouchèrent toutes les veines qui portaient la vie au pays. Puis, quand les armées de l'Islam eurent soumis la vallée du Nil, quand leurs chefs, fuyant Alexandrie et Memphis, construisirent sur la rive orientale du Nil, auprès du château romain de Babylone, Fostat, d'où sortit plus tard le Caire, et en firent leur résidence, la ville nouvelle succéda aux droits et aux possessions de la vieille cité des pyramides. Quelques siècles après, elle n'était plus qu'une ruine.

Les pyramides sont, pour les gens du Caire, un but fréquent de promenade, le dimanche surtout. On sait que c'étaient les mausolées construits par les Pharaons, dès qu'ils montaient sur le trône. Peu de monuments offrent un aspect plus saisissant que ces gigantesques masses. Avec le sphinx énorme construit par un pharaon inconnu, et déblayé à sa base par M. Maspéro, les pyramides de Gizèh forment un ensemble de monuments dont les proportions ne cessent de surprendre, malgré le nombre de siècles écoulés depuis leur construction.

Mais retournons-nous du côté du Caire, la cité nouvelle qui a détrôné Memphis, cette ville merveilleuse dont les charmes ont été célébrés dans un conte des *Mille et une Nuits* par les paroles les plus enthousiastes : « Qui n'a vu le Caire n'a vu le monde, y est-il dit. La terre y est de l'or, les femmes y sont un enchantement perpétuel, et le Nil y est une merveille. » Quiconque a vu le Caire conserve assurément de son séjour dans cette ville un souvenir tel, qu'il croit avoir vécu au pays des fables et des merveilles. La fascination qu'exerce cette ville s'explique par cette circonstance que peu de villes sont plus fécondes en changements. Dans l'espace d'une promenade, elle nous conduit à travers plus d'éléments divers de civilisation, à travers plus de manifestations opposées de l'art, plus de contrastes naturels que nul endroit du monde. Ici, les trois parties de la terre se touchent de front, a-t-on pu dire.

Nous n'avons pas encore secoué la poussière que le vent du désert nous apportait parmi les restes grandioses de la cité des Pharaons, et déjà nous voici sur le trottoir soigneusement arrosé d'une rue, dont les deux côtés sont bordés de maisons élégantes, bâties à l'européenne. Quelques pas plus loin, nous nous enfonçons entre les deux hauts murs de pierre d'une ruelle sombre. Aucune fenêtre aux vitres éclatantes ne met gaiement la vie domestique en rapport avec le va-et-vient de la rue : des balcons grillés de treillages en bois font saillie de tous côtés et mettent l'intérieur à l'abri des regards indiscrets des passants ou des voisins. Mais à travers les fentes et les ouvertures du *machrébiyeh*, c'est ainsi qu'on nomme ces cages, on peut voir sans être vu. Le nom de ces saillies des maisons si caractéristiques du vieux Caire vient de l'arabe *charab*, boire ; c'est là, en effet, dans des cavités rondes ménagées au plancher, qu'on met les *goullehs,* vases en terre poreuse qui servent à rafraîchir l'eau.

Ce n'est pas sans difficulté que l'on se fraye un chemin à travers les grandes artères de la ville. Hommes, bêtes, voitures s'y pressent. Tandis que les premiers causent ou s'appellent, on entend çà et là le braiement d'un âne ou le grognement d'un chameau, mais nulle part l'oreille n'est blessée par le tintamarre étourdissant des cités européennes, car les roues roulent sans bruit sur la chaussée molle et non pavée. Mais tout près de là on trouve une place déserte, environnée de maisons en ruines ; des vautours planent circulairement, et, dans la boue, des chiens errants cherchent des os. Ici, une longue file de chameaux oblige la foule à se ranger ; là, un coureur précède les chevaux d'une voiture élégante, et

Fig. 11. — Les deux grandes pyramides ; environs du Caire.

leur ouvre un passage. Il semble vraiment que cette ville étonnante soit une mosaïque de contrastes. Dans les superbes jardins de l'Ezbékiyeh, la noire gardienne d'un marmot arabe s'assied à côté d'une bonne française et de l'enfant blond qu'elle surveille, tandis qu'un petit-maître italien allume sa cigarette à celle d'un trafiquant nubien. Des fenêtres ouvertes d'un salon s'échappent les airs européens les plus nouveaux, tandis que, dans une ruelle latérale, des personnages basanés, assis sur la terre nue, devant un café, écoutent le récitatif nasal d'un chanteur populaire.

Le large Nil apparaît et scintille au loin, une forêt de mâts se dressent à perte de vue : c'est le port de Boulaq. Côte à côte avec un vapeur richement équipé, aborde un lourd chaland nubien aux voiles latines en lambeaux, identique pour la forme aux bateaux qui, du temps des Pharaons, apportaient les tributs du Soudan à l'Égypte. Non loin du port s'élève un superbe musée, dans lequel sont classés scientifiquement les monuments de l'antiquité; et parmi les Égyptiens qui passent devant cet établissement, à peine un sur cent serait capable de dire son âge ou de dire si Pharaon a vécu il y a trois cents ans ou il y a trois mille ans. Pourtant, dans ce grand bâtiment de Boulaq, de fines mains égyptiennes tirent de presses européennes les feuilles imprimées soigneusement d'ouvrages d'érudition arabes. Si l'on tourne le dos à l'Imprimerie nationale et au port, et que l'on rentre dans le Caire proprement dit, on rencontre dans les cours de la mosquée El-Azhar, qui tient lieu d'université, plus d'étudiants peut-être que dans n'importe quelle école publique de l'Occident. Ainsi, les fonds du tableau gardent encore la couleur de l'Orient, mais chaque figure orientale est chassée l'une après l'autre par une figure occidentale.

A quelques kilomètres au nord-est du Caire actuel, était une des plus florissantes cités de l'antiquité, la vénérable cité du soleil, Héliopolis. Elle renfermait le célèbre temple du Soleil, le seul en Égypte qui nous ait été exactement décrit par un Grec, le géographe Strabon. Il reste encore un superbe obélisque qui était à la porte du temple, mais il n'était pas le seul, car les obélisques étaient dédiés au dieu Soleil.

Quand on sort du Caire pour se rendre à Héliopolis, on voit apparaître la masse imposante de l'Abbasiyeh, avec ses casernes, son école militaire et son observatoire. A droite, la grande piste, bordée de tribunes en bois, sur laquelle on fait les courses en janvier. Les chevaux anglais et les chevaux arabes descendent dans la lice, et comme la lutte dure à peine quelques minutes, les premiers réussissent à battre les Bédouins; mais ceux-ci sont plus beaux que leurs concurrents septentrionaux, et l'emportent de beaucoup en ténacité. Aucune classe de la population du Caire n'entretient les haines de race avec autant de vivacité que les cochers et les écuyers. L'Arabe aime les chevaux, et ne veut remettre à aucun étranger le droit de les soigner sur le sol natal. Aussi est-il arrivé souvent que les jockeys anglais, importés par de riches Égyptiens, ont été l'objet de tentatives meurtrières de la part de leurs rivaux basanés.

On fait aussi courir des dromadaires, et vraiment c'est un curieux spectacle de voir les formes presque *antéhistoriques* des *vaisseaux du désert* écarter leurs jambes longues et raides, munies de larges pieds mous, et se dandiner d'a-

Fig. 12. — Une rue, au Caire.

vant en arrière dans la rapidité de leur course. Leurs écuyers brunis les excitent par des paroles glapissantes; mais en dépit de ces incitations et de leur vigueur naturelle, ils n'atteignent jamais la vélocité du cheval. En revanche, ils ont la capacité innée de soutenir leur train longtemps encore après que le cheval, qui les avait aisément dépassés pendant la première heure, s'est abattu, râlant. On appelle *hégin* les dromadaires de course; les distances qu'ils peuvent parcourir sans se reposer sont vraiment incroyables.

Sur la route d'Héliopolis, on passe auprès d'un arbre célèbre, environné d'une grille; c'est un sycomore, sous lequel, dit-on, Marie et le Christ enfant se reposèrent pendant la fuite en Égypte. Le khédive Ismaïl, lors de son séjour à Paris en 1867, en avait galamment fait cadeau à l'impératrice Eugénie. C'est un arbre fort vieux, et pourtant ce n'est que le successeur d'un arbre plus vieux, qui était déjà mort en 1672, au moment où Vansleb visitait l'Égypte. Des moines du Caire racontèrent à ce voyageur véridique que l'arbre de Marie s'était abattu de vieillesse en 1656, et lui montrèrent les débris qui étaient conservés comme reliques très précieuses. Toutefois, les jardiniers lui indiquèrent une souche qu'ils prétendaient être le reste du vieux sycomore. L'arbre actuel paraît avoir été planté exactement sur le site de l'ancien. Le tronc en est rongé, déchiqueté, percé et beaucoup de voyageurs ont écrit leur nom sur l'écorce.

Non loin de là, au fond d'un puits, un filet d'eau douce sourd de la terre, qui, partout ailleurs, dans le voisinage, ne fournit que de l'eau saumâtre et amère : il sert à arroser le jardin au moyen d'une double noria. On prétend que le Christ enfant fut baigné à cette source, et que, depuis ce temps-là, elle ne cesse de donner de l'eau douce. Ailleurs, on raconte que Marie lava ici les langes du Sauveur, et que partout où une goutte tomba, la terre produisit un baumier. Quand les meurtriers lancés à sa poursuite approchèrent de la famille, la Vierge et l'Enfant se cachèrent dans un creux du sycomore; une araignée fila sa toile, et les déroba aux regards de ceux qui les cherchaient. Que d'éléments païens il y a dans cette légende! Le mythe égyptien, lui aussi, avait un dieu qu'on mit dans un tronc d'arbre à l'abri de ses persécuteurs, et des baumiers nés de l'eau avec laquelle les habitants du ciel avaient arrosé la terre.

A l'extrémité sud de la ville du Caire, est un quartier d'humble apparence, où se sont conservés des débris d'enceinte et une porte fortifiée d'époque romaine : c'est la Babylone d'Égypte, le fort où tint garnison, pendant des siècles, une des légions qui assuraient aux Césars de Rome et de Byzance l'obéissance de l'Égypte. A l'ouest, le château était baigné par le Nil, qui se sépare ici en deux bras pour étreindre une grande île dont la forme rappelle celle de la feuille de l'olivier sauvage : c'est Rôda, jadis unie à Babylone par un pont. Les commencements de l'histoire du Caire et de la domination arabe sont étroitement liés à ces localités.

En l'an 638 après J.-C., une petite troupe de croyants qui avaient adopté la nouvelle religion de Mahomet, conduits par le célèbre Amrou, lieutenant du calife Omar, passèrent de Syrie en Égypte. Auprès du village de Farama, non loin d'El-Arich, Amrou tomba avec 4,000 hommes sur la nombreuse armée de César, conduite par le gouverneur grec Makaukas, et la mit en déroute, grâce au secours des Coptes, c'est-à-dire des chrétiens indigènes attachés à la doctrine monophysite. Après nombre de com-

Fig. 13. — Obélisque d'Héliopolis.

bats, les Grecs se retirèrent dans la citadelle de Babylone, où ils furent assiégés par Amrou lui-même, à qui le calife venait d'envoyer des renforts. Un soldat arabe, Zoubéïr, se sacrifia pour conduire les siens à la victoire. Il dressa une échelle dans le voisinage d'une brèche, l'escalada sans être vu, l'épée à la main, et, du haut de son poste, cria à ses camarades un joyeux *Allah akbar* (Dieu est grand)! auquel, sur son ordre, ils répondirent par de grandes clameurs. Les assiégés crurent qu'une grosse troupe d'ennemis avait franchi la muraille, se sauvèrent, et Babylone tomba aux mains des Arabes. La garnison, battue, se retira dans l'île de Roda, mais un traité fut bientôt conclu.

Amrou revint donc à Babylone, dans le voisinage de laquelle il avait laissé sa tente, *fostât*. Au moment de partir pour Alexandrie, il avait donné l'ordre qu'on l'abattît; mais on lui avait appris qu'un couple de pigeons avait établi son nid sur le couronnement, et il décida de ne pas la démolir. « A Dieu ne plaise, dit-il, qu'un Moslem refuse sa protection à un être vivant, qui s'est réfugié sans méfiance à l'ombre de son hospitalité! » Au retour, il trouva la vieille tente encore debout. Il s'y logea de nouveau, et décida la fondation d'une ville neuve, qui reçut en conséquence le nom de Fostat, *la tente*. Le nom arabe de l'Égypte, *Misr*, passa de bonne heure à la résidence nouvelle. Plus de trois cents ans plus tard, quand *la Kahirâ*, le Caire d'aujourd'hui, vint s'y joindre, le nom de Misr ou Masr lui fut appliqué par ses habitants et lui resta : le nom de vieux Caire ne fut employé qu'à partir du moment où Fostât fut réduite à n'être plus qu'un faubourg de la jeune cité.

La fondation marcha vite; ici, s'élevait la forteresse de Babylone, dont la *Porte de Fer* s'ouvrait en face du Nil et du pont de bateaux qui reliait l'île de Roda à la terre ferme; là, s'élevait la vieille église copte de Marie, antérieure peut-être à la fondation de Fostat, et dans la crypte de laquelle, comme sous l'arbre de Matariyeh, on montre encore aujourd'hui l'endroit où la sainte famille reposa, lors de la fuite en Égypte; plus loin, et jusqu'au pied du Mokattam, verdoyaient de beaux parcs et des vignes, au milieu desquels se dressait le *Château des lumières*, où les gouverneurs grecs et romains avaient coutume d'habiter quand ils visitaient ces parages.

L'île de Roda doit surtout sa grande réputation à l'ancien nilomètre, destiné à connaître la hauteur du Nil. Lorsqu'on s'y promène, on n'y trouve de remarquable, en dehors des plantations, des maisons et d'une modeste tombe de cheik, qu'un vénérable amandier à large ramure, que les Cairotes appellent un grand médecin (*hakîm kebîr*), auquel ils vont en pèlerinage, pour se guérir de la fièvre et des autres maladies inflammatoires. Les malades s'agenouillent à côté des racines et récitent des prières; les branches sont couvertes de pièces d'habillement les plus variées, ex-voto des patients et offrandes des guéris. La sainteté de cet arbre est prisée si haut, que les pèlerins prirent le désir qu'avait le peintre Welsch de le dessiner pour un sacrilège : ce fut seulement par force et par adresse qu'il parvint à terminer le *portrait* de ce médecin du règne végétal. Une tradition veut que cet arbre ait été planté par Fatima, fille du Prophète, mais c'est là une légende bien incertaine.

Nous sommes bien mieux renseignés sur l'époque à laquelle fut élevée la plus ancienne mosquée d'Égypte, la mosquée d'Amrou, ainsi nommée du nom de son fondateur. Elle se trouvait au milieu de Fostat. Ce temple avait cinquante coudées de long sur trente de large; le pupitre élevé qu'Amrou avait destiné à la lecture du Coran fut enlevé sur l'ordre du calife, à qui il parut indécent que les auditeurs croyants fussent au-dessous du lecteur. En face de l'entrée principale était la maison du gouverneur; elle a depuis longtemps disparu, et peu de portions de l'édifice d'Amrou nous sont arrivées sous leur forme originale. Il fut agrandi, trente-trois ans à peine après son érection par le gouverneur Mouslema, reconstruit à nouveau, orné d'un minaret; deux siècles plus tard, on dut le reconstruire une fois de plus, à la suite d'un incendie.

Quand, après avoir parcouru des ruelles sans apparence et franchi des tas d'ordures, on approche des murailles grises et poudreuses de ce monument, on ne se doute guère qu'elles renferment l'une des œuvres les plus vénérables et les mieux conçues de l'architecture arabe. Rien qu'à traverser la cour immense de la mosquée, on se sent d'abord déconcerté par la largeur de l'espace qu'entourent des portiques à colonnes, puis on s'afflige et on s'indigne à la pensée de l'indifférence pitoyable, qui abandonne ce noble monument à une destruction certaine, et enfin, quand on a cherché, abstraction faite des lacunes et des parties ruinées, à se représenter l'ensemble de cette construction grandiose, on est saisi d'un juste étonnement et de ce pieux respect auquel l'homme se soustrait malaisément en présence de ce qui est vraiment grand. On nomme la mosquée d'Amrou *la couronne des*

Fig. 14. — *Liouan* ou sanctuaire de la mosquée d'Amrou.

mosquées. Chose singulière! Les fidèles de toutes les religions qui reconnaissent un dieu unique s'y sont réunis plus d'une fois pour lui adresser leurs prières dans les temps de malheur commun.

Ce temple est le spécimen le plus parfait de l'époque ancienne de l'art arabe. La mosquée n'était nullement à l'origine une maison de prière, mais une cour ouverte entourée de portiques à piliers ou à colonnes, dont les plus ornés sont dans la direction de la Mecque. Les minarets ne doivent manquer à aucune mosquée : ce sont des tours élancées, établies d'ordinaire à côté du portail, souvent au-dessus du portail même, et auxquelles le muezzin monte pour appeler d'en haut à la prière. La cour du temple, qui existait à la Mecque avant l'Islam, doit être considérée comme le prototype de la mosquée la plus simple.

Il ne manque à cette mosquée aucune de ces dépendances, aucun de ces objets mobiliers qui se retrouvent dans toutes les mosquées. La cour, qui présente la forme la plus ancienne des lieux consacrés au culte musulman, est nommée *sakhn-el-gâmâ*. Au milieu, à côté d'un palmier et d'un acacia épineux, s'élève la fontaine (*hanefiyeh*), destinée aux ablutions prescrites par la loi; souvent elle est couverte et ornée richement. La cour de la mosquée d'Amrou est entourée, sur les quatre côtés, de portiques à colonnes, qui s'appuient, par derrière, sur le mur d'enceinte sans fenêtres. Le côté du sakhn-el-gâmâ qui est tourné vers la Mecque, c'est-à-dire vers l'orient, est particulièrement sacré. Il renferme le sanctuaire ou *liouan*.

Tandis que au sud et au nord le portique de la cour n'a que trois rangs, et à l'ouest un rang de colonnes doubles, qui, du reste, sont renversées, sauf une paire, du côté est, c'est une véritable forêt de colonnes. Placées sur six longues files, séparées par des intervalles égaux, elles forment une salle superbe, projettent des raies d'ombre étranges sur le sol recouvert de nattes en lambeaux et présentent, dans leur ensemble, un tableau que personne n'oublie, même ceux qui ont visité la mosquée-cathédrale de Cordoue. La plupart des colonnes de la mosquée d'Amrou sont en marbre, et les chapiteaux appartiennent à toutes les variétés imaginables de l'art antique.

Au fond de la salle, à l'endroit où un agréable demi-jour remplace la lumière éblouissante du dehors, s'ouvre la niche à prières (*mihrâb* ou *kiblah*), qui ne manque dans aucune mosquée; elle marque la direction dans laquelle les croyants doivent chercher la Mecque, sert à lire le Coran les jours de fête, et est souvent ornée très richement de mosaïques ou d'incrustations en pierre. A gauche du mihrab, le *mimbar* ou chaire, sorte de haute structure en bois, à laquelle conduit un escalier droit, recouvert d'un manteau de découpures ou de marqueterie, et surmonté d'une coupole en buffle renflé, que supporte un baldaquin en bois.

Abdallah, fils du fondateur de Fostat et du temple lui-même, est le saint qu'on vénère ici; sa tombe est au nord-ouest du liouân, et elle attire moins les Cairotes que ne le font trois des colonnes de la mosquée. Une superbe paire de colonnes, qui se dresse dans le portique si tristement ruiné de l'ouest, est l'objet d'une ferveur toute particulière; on assure que seuls les vrais croyants peuvent passer entre les deux fûts qui la composent. Le riche, bien nourri, a naturellement plus de peine à se glisser par ce *trou d'aiguille* que le pauvre, maigre et souffrant la faim; plus d'un bon musulman jette un regard de regret sur sa panse imposante et doit, pour ne pas se faire un mauvais parti, prêter bonne contenance aux railleries des maigres, lorsque le passage est trop étroit pour son ampleur.

La troisième des colonnes qu'on visite en pèlerinage est dans le liouân, non loin de la niche à prières. Elle porte les traces de la houssine du Prophète, ou, selon d'autres, hypothèse plus vraisemblable, les traces du fouet du calife Omar. Quand Amrou commença les constructions de la grande cour, il pria l'un ou l'autre — disons le calife — de vouloir bien lui envoyer une colonne de la Mecque. Mais la colonne à laquelle il s'adressa refuse par deux fois d'obéir; alors le calife irrité lui donna un coup de fouet, et la somma d'obéir au nom de Dieu et du Prophète. Aussitôt le fût de marbre s'enleva, traversa l'air comme un trait et s'abattit dans le chantier de construction.

Ce n'est qu'à de rares occasions que la mosquée d'Amrou se remplit de fidèles. Il fut un temps où ses murailles, nues à présent, étaient revêtues de couleurs éclatantes et de dorures, où douze cent quatre-vingt-dix corans s'y étalaient sur autant de pupitres; où, vers la tombée de la nuit, on n'y allumait pas moins de dix-huit mille lampes. Cinquante-deux colonnes seulement y sont encore debout; jadis, le nombre en était, dit-on, supérieur à celui des jours de l'année. Quel aspect elle devait présenter, quand, dans l'espace éclairé à giorno, des milliers de croyants, se disposaient à la prière, comme s'il se fût agi d'une bataille à livrer!

Personne ne s'assied dans les mosquées; on n'y trouve ni

chaises ni bancs. Le musulman dit que la prière est une guerre contre Satan, qui cherche à empêcher tout rapprochement entre l'homme, Dieu et le Prophète. Aussi les gens en prière, comme des régiments qu'on mène à l'ennemi, se

Fig. 15. — Musulmans en prière.

mettent-ils en rang tous ensemble. On dirait, à les voir, une troupe guerrière rangée en bataille par un général : à leur tête, l'imâm conduit la charge et sert de chef d'attaque à cette lutte contre les esprits. Des couples d'anges, envoyés du ciel, prennent part à l'action comme auxiliaires; ils se placent à droite et à gauche de chacun des fidèles, dès qu'il entre dans les rangs, et demeurent auprès de lui jusqu'au moment où finit la prière. Le front de la troupe porte le même nom que la ligne de bataille des soldats : il s'appelle *saff* dans les deux cas. Le poste de l'imâm, cette niche à prières dont nous avons parlé, est appelé mihrab dans le langage ecclésiastique des musulmans, et les théologiens dérivent ce mot d'une racine *harb*, qui signifie *guerre*.

La prière commence, après les ablutions prescrites, par le fâtiha, le *Notre père* des musulmans, et se termine par un mot d'adieu adressé aux anges gardiens. Elle doit être accompagnée de mouvements et de prosternations, dont le nombre change selon les moments du jour. Le musulman a l'esprit profondément absorbé par sa prière. Ce n'est pas seulement à la mosquée que le croyant prie. Plus d'une fois, dans l'isolement du désert, on peut rencontrer un voyageur qui, dans la conviction d'être seul avec son Dieu, s'agenouille sur son petit tapis à l'heure de la prière, et lève les bras de la manière prescrite avec autant de piété profonde, d'élan et de ravissement, que s'il lui eût été permis de fouiller du regard les cieux entr'ouverts.

La mosquée qui, de l'aveu de tous, passe pour la plus vieille après celle d'Amrou, est celle que le gouverneur Ahmed-ibn-Touloun construisit, et à laquelle on donne son nom. A l'époque de la construction (879), deux cents ans ne s'étaient pas écoulés depuis la fondation de Fostat. Amrou avait promis aux Coptes qui recevraient l'Islam et payeraient la capitation, des droits égaux à ceux des croyants : aussi beaucoup d'entre eux passèrent-ils à la religion de Mahomet. La guerre, la peste, les soulèvements, les persécutions, l'oppression des faibles par les puissants, toutes les calamités imaginables, avaient, sous les Byzantins, décimé les habitants de la vallée du Nil, et préparé la place aux Arabes. Leurs tribus s'établirent en Égypte; la langue des Égyptiens fut dépossédée par l'Arabe. Les Arabes transformèrent l'Égypte avec une rapidité prodigieuse.

Après avoir habité d'abord le palais construit par ses prédécesseurs au quartier des soldats, Ahmed-ibn-Touloun agrandit Fostât dans la direction de la citadelle actuelle, par la fondation du faubourg El-Khatiya, s'y construisit un château magnifique, créa et dota nombre d'établissements de bienfaisance, où, chaque vendredi, il allait visiter lui-même les malades et les fous, exécuta toutes sortes d'améliorations nécessaires, parmi lesquelles il convient de citer en première ligne un système de conduites d'eau, et finit par construire la célèbre mosquée. Située au sud-ouest de l'emplacement sur lequel s'éleva plus tard la citadelle, à mi-chemin du vieux Caire, elle fut bâtie, non loin du large hippodrome où les nobles arabes exerçaient leurs chevaux, sur la colline fortifiée de Kal'at-el-Kebch, le *fort du Bouc*; ce serait, d'après une légende, celle où Abraham avait conduit son fils au sacrifice, et elle devrait son nom au bouc que le Seigneur avait envoyé comme offrande à la place d'Isaac.

Cette mosquée peut être considérée comme un spécimen complet de l'architecture arabe des premiers temps; le plan en diffère assez peu de celui de la mosquée d'Amrou. Sur trois des côtés, la cour triangulaire est entourée de halles dont la toiture plate en bois s'appuie, non pas sur des rangées de colonnes comme dans la mosquée d'Amrou, mais sur des rangées de piliers et sur de lourdes ogives; dans l'intervalle de chaque arche s'ouvre une petite fenêtre, en forme de fer à cheval. Du côté de la Mecque, près de la niche à prières, il y a cinq rangées d'arcades et deux seulement de l'autre côté. Les quatre angles de chaque pilier sont ornés de demi-colonnes engagées, surmontées de chapiteaux byzantins en plâtre. Les murs sont en briques cuites revêtues de stuc, et le couronnement de plomb, découpé à jour en formes fantastiques, qui les surmontait, est encore particulièrement remarquable, malgré les dommages considérables qu'il a subis. Dans le sanctuaire, de chaque côté de la niche à prières, se dresse une colonne byzantine. Au milieu de la cour, s'élève une coupole, destinée d'abord à abriter le corps d'Ibn-Touloun, et sous laquelle on trouve maintenant le bassin aux ablutions.

Des murs d'enceinte solides se développent au nord, au sud, à l'ouest, et assourdissent les bruits de la rue. L'édifice a beaucoup souffert au cours des siècles. Des quatre minarets qui flanquaient la cour, trois se sont écroulés depuis longtemps. On a presque partout muré les arceaux et partagé les arcades en cellules où logent des Cairotes incapables de travail et des mendiants qui tourmentent les visiteurs. Des murs mal crépis, percés de fenêtres carrées et de portes, ont remplacé les salles hypostyles et entourent la cour. Seules, la frise et sa crête mutilée, les niches et les rosaces rappellent la splendeur primitive de cet admirable monument. Près du mur extérieur occidental, s'élève un minaret unique en son genre. La tour proprement dite repose sur une base carrée

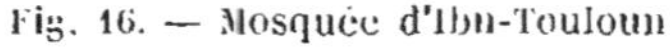

Fig. 16. — Mosquée d'Ibn-Touloun.

massive, et forme trois étages superposés, qui vont diminuant à mesure qu'on monte. L'étage inférieur est arrondi, le second et le troisième sont des polygones. La petite coupole qui les couronne a perdu sa pointe, mais nous savons que celle-ci, au lieu du croissant, portait une petite nef en cuivre, où l'on mettait de la nourriture pour les milans qui vivaient autour de la mosquée.

Le trait particulier à ce minaret est l'escalier extérieur, qui conduit le mouezzin d'un balcon à l'autre : il est si délabré aujourd'hui qu'on ne peut plus monter jusqu'au sommet de la tour, d'où l'on avait une des plus belles vues du Caire. On conte que, pendant une séance du conseil, Touloun, plongé dans ses réflexions, se mit à tourner machinalement une bande de papier autour de son doigt. Lorsqu'il revint à lui et rencontra le regard de ses officiers fixé sur lui d'une manière interrogative, il leur apprit, pour s'excuser, qu'il voulait bâtir le minaret de sa mosquée sur le modèle du papier enroulé. L'édifice tout entier fut terminé en deux ans, et parut si coûteux aux Cairotes, qu'ils murmurèrent au sujet des sommes immenses qu'on y avait dépensées. Touloun dut leur assurer que la découverte d'un trésor avait fourni les ressources nécessaires.

Ahmed-ibn-Touloun, en dépit des guerres nombreuses qu'il eut à soutenir, en dépit de son amour du faste et des constructions, fut regretté du peuple, lorqu'il mourut en 884. Bien que gouvernant pour le compte des Abbassides qui résidaient à Bagdad, la dynastie qu'il avait fondée était réellement indépendante. Malgré sa nombreuse descendance, elle s'éteignit cependant, vingt-deux ans après la mort du fondateur, et la domination des califes abbassides dans le pays ne survécut pas longtemps à sa chute. Les Fatimites succédèrent aux Abbassides. Un arrière-petit-fils d'Ali, mari de Fatima, fille du Prophète, nommé Moézz, appelé par les émirs égyptiens, avait essayé de s'emparer de toute la vallée du Nil. En février 969, il lança son général Djohar vers l'est, avec des troupes d'élite. Le vizir Ibn-el-Fourat, trahi par ses collègues, emprisonné par eux, ne réussit ni à détourner ni à repousser l'invasion. Après une bataille près de Gizèh, Djohar, vainqueur, franchit le Nil et campa au nord de Fostat, à l'endroit même où il devait bâtir plus tard le Caire actuel.

Quelques mois après son entrée dans la ville, il ordonna de l'agrandir dans la direction du nord par la fondation d'une ville nouvelle. Elle s'ajoutait au quartier El-Khatyat, fondé par Ahmed-ibn-Touloun, et devait servir d'habitation aux soldats de Djohar ainsi qu'à la cour des Fatimites. Le premier coup de pioche fut donné, selon le conseil des astrologues, au moment même où la planète Mars, en arabe El-Kahir, le Victorieux, passait au méridien de Fostat. De là, le nom de *Masr-el-Kahira*, l'*Égypte victorieuse*, qu'on lui donna. Un des premiers édifices dont Djohar ordonna la construction fut une véritable université, la mosquée El-Azhar, qui, aujourd'hui encore, est en Orient le centre de toute vie scientifique.

CHAPITRE V.

LE CAIRE. — SA PÉRIODE DE SPLENDEUR.

Presque aussitôt après la fondation du Caire, le calife Moézz y transporta son palais. Trois années plus tard, il y fut enterré avec ses prédécesseurs, dont il avait fait venir les corps en Égypte.

C'est à ses successeurs immédiats que l'Égypte doit sa splendeur. Ils gouvernèrent sagement un empire qui s'étendait bien loin vers l'ouest, ouvrirent au commerce de nouvelles voies qui pénétrèrent dans l'Inde et jusqu'au cœur du continent africain. Les caravanes partaient de Tanger, dans le voisinage immédiat des États maures d'Espagne, traversaient, par Kairouan et Tripoli, le nord de l'Afrique, et amenaient des quantités incalculables de marchandises dans les bazars du Caire, devenue rapidement la ville la plus considérable de l'Orient. Du Caire partaient d'autres convois de chameaux qui mettaient en relation l'Égypte et la Syrie, tandis qu'on échangeait dans les ports de Clysma et d'Aïbad, sur la mer Rouge, les marchandises destinées à voyager sur mer contre celles qui arrivaient d'outre-mer. Les Fatimites aimaient à vivre dans des palais richement meublés; leurs officiers et leurs sujets riches, à l'exemple du maître, se firent construire des maisons splendides, où le goût artistique des Arabes trouva nombre de fois l'occasion de se distinguer.

Le Coran défendait aux croyants le vin, le jeu, la représentation des formes vivantes et le tirage des sorts. Aussi, ni la sculpture, ni la peinture n'ont atteint, chez les Arabes, un haut développement et ne se sont élevés à la dignité d'arts indépendants. Néanmoins, sous les Fatimites, au Caire, on passa par-dessus la prohibition du Prophète : de leur temps, on se servait de tapis somptueux, sur lesquels on voyait le portrait des souverains ou des hommes célèbres. Il y avait dans la capitale des ateliers, où l'on fabriquait des meubles artistiques de toute sorte, et de remarquables vases de porcelaine vitrifiée, qui avaient pour support des hommes ou des animaux.

Les Arabes avaient de bonne heure échangé le costume misérable de leurs ancêtres contre les vêtements magnifiques dont se servaient les peuples soumis par eux et surtout les Perses. A la cour des califes de Bagdad, on dépensait des sommes énormes, rien qu'en vêtements brodés des étoffes les plus rares. Il se forma au Caire des ateliers de broderie sur soie bien achalandés, qui fabriquèrent des turbans brodés d'or, des habits d'honneur portant le nom des princes, des vêtements de femmes recouverts d'inscriptions. Les orfèvres et les armuriers produisaient aussi des œuvres fort coûteuses. La maison, comme ses habitants, était ornée à l'intérieur de toutes les productions de l'art. Les murs étaient revêtus de stuc peint aux couleurs éclatantes, d'arabesques, de riches étoffes, de carreaux en faïence d'un émail inimitable. Les parquets étaient en mosaïque ou recouverts de lourds tapis. Les vases, les aiguières, les assiettes, les plats, même les simples objets de ménage, présentaient des formes gracieuses et étaient richement ornés.

Dans leur palais, les princes et les grands avaient, pour la table, de la vaisselle en métaux précieux; ils avaient aussi des assiettes d'onyx et de pierres analogues. Les manches de couteau et de cuiller en jaspe et en cornaline, les vases en cristal de roche, n'étaient pas rares. Autant l'intérieur de la maison, les *mandara* destinés à la réception des visiteurs, et le harem, étaient d'ordinaire luxueux, autant les parties donnant sur la rue étaient simples : la défiance et la jalousie, la crainte qu'inspiraient la cupidité des princes et le regard envieux des passants, surtout sous les derniers sultans, imposaient aux riches l'obligation de cacher à leurs concitoyens les trésors de la maison.

Les jardins étaient l'objet de soins particuliers, car les Arabes s'entendaient à les cultiver mieux qu'aucun autre peuple; ils étaient soustraits aux regards des passants par des murs élevés. Les temples eux-mêmes, pour richement qu'on sût en décorer l'intérieur, étaient relativement simples au dehors. Seule la porte principale, les frises, les minarets, les beaux ornements dont est revêtue la coupole, nous permettent de constater l'art des architectes et des sculpteurs. Le palais construit par Djohar pour ses maîtres était, paraît-il, une merveille.

L'édifice le plus important du temps des Fatimites qui subsiste au Caire est la mosquée bâtie par le deuxième successeur de Moézz. Elle est à demi écroulée et ne renferme plus que fort peu d'objets remarquables ; mais, lorsqu'on sait ce que fut la vie du fondateur El-Hakim, on est contraint d'avouer que ce calife, monté sur le trône à l'âge de onze ans, est une des figures les plus étranges de l'histoire. Il s'imagina être dieu dans les premières années de sa vie ; la secte des Druses, aujourd'hui encore florissante en Syrie, le tint pour une incarnation du Très-Haut, et croit qu'il a disparu pour revenir un jour et recevoir l'adoration du monde entier. Le Caire ne lui doit pas grand'chose de sa prospérité, et les différentes classes d'habitants furent traitées par lui de vingt manières différentes, selon sa disposition du moment.

Toutes les mesures qu'il prit dénotent les tendances contradictoires de son esprit. Tantôt, il allait par les rues en pompe, avec une suite nombreuse ; tantôt, il sortait seul, monté sur un âne, ou restait des semaines entières dans des salles obscurcies artificiellement, et cherchait à remplacer par des lampes et des flambeaux la lumière du soleil. Une fois même, comme Néron, il mit le feu à sa résidence. Il finit par disparaître, sans laisser de traces, dans une de ses promenades nocturnes sur le Mokattam. Il fut probablement assassiné, mais les Druses attendent encore son retour. Il construisit trois mosquées, dont la plus belle qui porte son nom fut renversée par un tremblement de terre. L'édifice majestueux, surmonté d'un minaret assez laid mais peu endommagé, qui servait d'observatoire sous son règne, s'appuie aujourd'hui contre la partie nord-est du mur de la ville, et se trouve entre les deux portes les plus importantes du Caire, Bab-en-Nasr (la porte de la Victoire) et Bab-el-Foutouh, construite par le tout-puissant vizir Bedr-el-Gamali, sous le second successeur d Hakim.

Bab-en-Nasr est une œuvre considérable de la meilleure époque de l'art arabe : les connaisseurs y admirent avec raison la solidité et la netteté avec laquelle les pierres ont été taillées. Bab-el-Foutouh, avec ses tours rondes, bien disposées et admirablement conservées, mérite semblable éloge. Aujourd'hui, quand on parcourt les faubourgs et qu'on approche de ces portes et de la mosquée d'Hakim, on aperçoit sur la gauche un petit cimetière : c'est là qu'a été enterré au milieu des musulmans, dont il étudiait le pays et les mœurs, J.-L. Burckhardt, l'un des grands écrivains de voyages des temps modernes.

Ces deux portes ont été construites par le vizir, et non par le calife sous lequel elles furent bâties; c'est là un fait significatif. A partir de Moustansir, les vizirs réglèrent de plus en plus les destinées de l'Égypte, du Caire et de la dynastie fatimite. Elle s'éteignit aussi misérablement qu'elle avait commencé brillamment. Le califat d'Égypte reçut le coup mortel sous le faible Adhad-Eddîn. L'un des derniers Fatimites ayant fait appel, pour se soutenir, aux Kourdes du prince syrien d'Alep, commandés par Chirkouh et son jeune neveu, le célèbre Salah-ed-Dîn, fils d'Eyyoub. Quand Chirkouh mourut, Saladin prit sa place et gouverna d'abord au nom du dernier Fatimite, Adhad, qu'il tint enfermé dans son palais, et bientôt, après l'avoir fait étrangler, en son propre nom, comme sultan indépendant, mais sans prendre le titre de calife. Il était en effet sunnite, et pensait qu'il vaudrait bien mieux, pour sa sûreté, permettre qu'on priât dans les chaires du Caire, au nom du calife abbasside, dont il partageait la croyance. A partir de ce moment, une nouvelle dynastie, qu'on appelle eyoubite, d'après Eyoub, le père de Saladin, présida aux destinées de l'Égypte.

Les exploits guerriers de Saladin, son caractère chevaleresque, sa libéralité, sa bonté, l'ont maintenu beaucoup plus vivant dans la poésie et la légende des Européens que dans celle des Orientaux. Lessing et Walter Scott l'ont surtout popularisé. On sait que sa valeur avait fait perdre Jérusalem aux croisés.

Saladin fonda et bâtit la citadelle, qui domine majestueusement la ville. Saladin voulait établir sa résidence dans le nouveau château; on raconte qu'il prit, pour y bâtir, la hauteur appelée le *Pavillon de la Fraicheur*, parce que la viande s'y gardait fraîche deux jours et deux nuits, tandis que vingt-quatre heures passées dans la ville suffisaient à la corrompre. L'eunuque Karakouch fut chargé de construire la citadelle et le mur d'enceinte qui devait environner la ville. Il diminua de moitié le chiffre de la somme qu'on lui avait allouée pour les dépenses, en faisant détruire les petites pyramides de Gizeh, et exploiter, en guise de carrière, la troisième des grandes pyramides, celle de Mykérinos. Les blocs bien taillés qu'il volait aux mausolées des Pharaons furent transportés au-delà du Nil, et l'œuvre avança rapidement, quoiqu'elle ne fût terminée que sous le successeur de Saladin.

Karakouch, ce ministre moitié fou, moitié sage, a laissé son nom à l'un des personnages inévitables de toute représentation dramatique en Égypte, le pitre (Karagheuz). Beaucoup de ses actions justifient cette destinée et ce singulier souvenir attaché à sa mémoire.

Les Arabes appelèrent la forteresse nouvelle *le Château de la Montagne;* les Cairotes disent par abréviation *El-Kalaa*, le fort. Aujourd'hui, une rue tortueuse, bien entretenue, y conduit; mais la vieille route à pic, entourée de hautes murailles, a, elle aussi, été conservée. Elle débouche près de la porte El-Azab, qu'on appelle aussi porte des Mamelouks, en souvenir de la tragédie sanglante qui se joua dans le voisinage, lorsque Mohammed-Ali anéantit ces nobles orgueilleux. Le palais dans lequel les successeurs de Saladin ont résidé durant des siècles a été plus tard abandonné entièrement. On n'en ouvre plus quelques salles décorées dans le goût turc qu'à l'occasion de grandes réceptions. Après la prise du Caire, en 1515, Sélim Ier fit enlever les plus belles colonnes de marbre, et les expédia à Constantinople, avec les pièces les plus précieuses de l'ameublement.

La citadelle du Caire a encore des parties qui remontent jusqu'au temps du fondateur. Mais des nouveautés de nature fort différente et de toutes les époques, les unes anciennes, les autres modernes, d'autres enfin contemporaines, se sont mêlées à l'antique et l'écrasent. Le château présente une fouille fantastique de cours fabuleuses, de couloirs en méandres, de casernes et de palais, de parois rocheuses tombant à pic et d'horribles coupe-gorges. On est bien obligé de le considérer comme un tout, et pourtant il est impossible de décrire en quels éléments ce tout se décompose, et comment les parties dissemblables dont il est formé se tiennent l'une l'autre. Ici, les plus hauts minarets qu'il y ait au Caire montent et semblent toucher le ciel; là, le puits le plus profond de la ville s'enfonce jusqu'au-dessus du niveau du Nil; une vieille muraille, à moitié démolie, en pierres des Pyramides, coudoie l'albâtre poli qui brille dans les cours et, sur les murs d'une mosquée neuve, un palais aux couleurs splendides s'élève à côté d'un temple écroulé. Telle mosquée antique est aujourd'hui un grenier, telle aile de palais, jadis décorée avec un luxe fabuleux, est aujourd'hui une caserne.

Au débouché d'une ruelle étroite où l'on a peine à respirer, on entre dans un quartier baigné par l'air pur du désert, et d'où le regard peut s'abaisser sur le voisinage ou s'étendre sans obstacle au loin. En bas, une foule sans nombre s'agite sur la place Roumaïlah, que prolonge l'ancien Karameidan, aujourd'hui place Mohammed-Ali. La splendide mosquée de Hassan, qui domine cette place, est d'environ deux cents ans plus jeune que la citadelle; mais, dès le temps de Saladin, grands et petits s'assemblaient là pour se livrer à toutes sortes de plaisirs et assister, pendant le mois de chaoula, au départ du grand pèlerinage de la Mecque. En portant le regard par dessus cette étendue vivante et remuante et par dessus les grandes mosquées qui y sont semées, on voit devant soi la ville qui s'étale au loin vers le nord et vers l'occident.

Les figures humaines et les linges flottants ne manquent pas sur les toits plats, où les bouches à air s'ouvrent, semblables aux appentis qui abritent l'escalier des cabines sur les paquebots. Ces *moulkoufs* en bois forment comme une petite ville sur le dos de la grande, mais l'œil ne s'y arrête pas; il est attiré avant tout et enchaîné bien haut par les

Fig. 17. — Citadelle du Caire.

minarets, dont les silhouettes élancées montent çà et là, par centaines, aussi loin que s'étend la vue. Les rayons du soleil et l'éclat éblouissant des murs crépis à blanc aveuglent presque le spectateur qui regarde en l'air : il faut baisser les yeux et porter son attention au loin vers l'ouest, sur la nappe large et tranquille du Nil, sur les terres cultivées

Fig. 18. — *Moulkoufs;* toits plats des maisons au Caire.

qu'elle arrose, sur les pyramides qui s'élèvent à l'extrême horizon, à la lisière du désert, sur les contreforts rocheux de la montagne libyque. Les pyramides sont pour le Caire ce qu'est le Vésuve pour Naples ; elles en sont le signe distinctif. Le Mokattam vers l'ouest, et vers le sud, les tertres coiffés de moulins à vent, le désert, les collines de décombres complètent ce panorama. Puis, des groupes de cimetières, éloignés l'un de l'autre, s'élèvent sur le sol sablonneux, et, derrière eux, des villes de mausolées à coupoles, dont les plus célèbres sont à bon droit les tombeaux des mamelouks; et plus loin, au nord-est de la citadelle, se remarquent les tombeaux des califes.

Aussi longtemps que le soleil est haut dans le ciel, ce panorama grandiose est comme dépouillé de son charme inéluctable. Du gris, du jaune, du brun, du blanc éblouissant; çà et là, du vert adouci par la poussière ou par l'éloignement, voilà les seules couleurs que l'œil rencontre. Mais au moment du lever du soleil, ou vers le soir, avant qu'il disparaisse derrière la montagne libyque, allez vous appuyer aux créneaux de la plate-forme, dans la partie sud-ouest de la citadelle, et vous verrez quelle quantité indescriptible de teintes diverses le ciel répand sur ce tableau si riche et si intéressant. De petits nuages roses flottent comme des voiles légers autour des minarets, le Nil reflète comme un miroir les ors éclatants, les champs étincellent dans leur vêtement vert, et les montagnes lointaines se détachent en violet sombre sur le manteau de pourpre royale qui rayonne à l'horizon.

Les cours intérieures de la citadelle renferment encore deux œuvres du temps de Saladin, situées l'une près de l'autre, une mosquée presque entièrement dégradée, de style byzantin, avec une coupole écroulée, et un puits remarquable. Les Arabes l'appellent *puits de Joseph* et veulent qu'il ait été creusé par le fils de Jacob, le ministre de Pharaon; en réalité, il doit son nom à Saladin, qui s'appelait tout au long Salakh-ed-dîn Yousouf; Yousouf, c'est Joseph. Le puits a 88^{m}, 30 de profondeur. Deux grandes roues, mises en mouvement par des bœufs, montent l'eau au moyen d'un chapelet de cruches; un réservoir ménagé à mi-hauteur reçoit l'eau

Fig. 19. — Intérieur de la mosquée de Kalaoun.

qu'apporte la première, et alimente la seconde. Quelque importante que cette installation ait été autrefois, elle n'a plus qu'une valeur médiocre depuis l'introduction au Caire des pompes à vapeur. L'eau du puits de Joseph a d'ailleurs un arrière-goût saumâtre.

Saladin avait, avant de mourir, partagé son territoire entre ses trois fils aînés. Mais par la suite les Eyoubites furent en lutte perpétuelle l'un contre l'autre; l'Égypte eut à supporter l'attaque des croisés; les Mongols, après avoir été soumis, poussèrent leurs invasions jusqu'au cœur de l'Europe. C'est à la suite de ces malheurs quel'un des Eyyoubites, Melik-es-Salekh, voulut se donner une garde du corps puissante et qui lui fut aveuglément dévouée. Ces gardes du corps, qui s'appelaient humblement *Mamelouks* (esclaves), se rendirent terribles aux ennemis de Melik-es-Salekh et aux armées croisées, mais plus terribles encore à lui-même et à sa maison : son fils, le dernier rejeton de la famille, tomba sous leurs poignards.

Aussitôt après l'extinction des Eyoubites, un des mamelouks qui étaient en garnison dans l'île de Roda et qui s'appelaient pour ce motif les Bahirites, les gens du fleuve (de *bahr*, le fleuve), Eibeg, s'empara du pouvoir. Ses successeurs et lui forment la dynastie des sultans mamelouks bahirites, qui versa beaucoup de sang et fit beaucoup pour l'Égypte.

Le commencement de leur domination fut souillé par des meurtres abominables. Le palais de la citadelle leur servit de résidence, et le premier d'entre eux, Eibeg, y fut assassiné dans le bain par une de ses femmes. Une autre femme de la victime se chargea de la vengeance : elle mit à mort sa rivale coupable et fit jeter le cadavre dans les fossés de la citadelle, où il demeura plusieurs jours sans sépulture. Le sort de cette infortunée échut à tous ceux qu'on soupçonna de complicité dans le meurtre.

Le sultan Bibars fit venir au Caire un membre de la famille abbasside, descendant du Prophète, le reçut en grande pompe, et lui rendit hommage comme à un calife; il se fit en même temps nommer régent de tous les pays soumis ou à soumettre à l'Islam. Mais, le calife ayant été tué dans une bataille contre les Mongols, Bibars le remplaça par un autre membre de la famille abbasside, mais refusa toute autorité à ce nouveau maître des croyants et le tint prisonnier dans la citadelle. Les successeurs de ces malheureux eurent le même sort, et tous les sultans mamelouks gouvernèrent en leur nom, jusqu'au jour où Sélim Ier l'Osmanli, après avoir conquis l'Égypte et le Caire, força le dernier de ces fantômes de califes à lui transmettre son titre et ses droits (1517).

Malgré les forfaits de cette race de soldats, il ne faut pas oublier que la plupart d'entre eux protégèrent les arts et les sciences. Le *moristan* de Kalaoun, l'établissement le plus riche, et la mosquée de Hassan, la plus belle des mosquées qu'il y ait au Caire, furent construits par des sultans bahirites. Les mamelouks circassiens, outre de nombreuses mosquées, firent bâtir les mausolées connus sous le nom de *Tombeaux des califes*.

Kalaoun fut le second successeur de Bibars. L'hôpital (moristan) qui porte son nom est situé dans le quartier nord-est de la ville, près du bazar des ouvriers en cuivre, qu'on peut voir travailler dans les chambres désertes de ce grand édi-

Fig. 20. — Une cour du *moristan* de Kalaoun.

fice. Il est, dès à présent, voué à une ruine misérable. Seul, le tombeau du fondateur, belle construction d'un grand effet, auprès de laquelle étaient établis jadis cinquante lecteurs du Coran, est protégé contre la destruction. Les malades viennent y visiter les reliques du sultan et guérir, au contact de son turban, leurs maux de tête, au contact de son cafetan, leurs fièvres intermittentes. Le jeudi, d'habitude, les jeunes mères se rassemblent ici avec de petits enfants.

Beaucoup de mères amènent là leurs enfants pour leur délier la langue. Pour obtenir ce résultat extraordinaire, on apporte les pauvres petits êtres jusqu'à une grande pierre plate de couleur sombre, qui se trouve auprès de la fenêtre de droite ; on y exprime des citrons verts, on étale le jus sur la grosse pierre et, dès que le minéral ferrugineux a teint l'acide en rose, on force les enfants à le sucer. Les bébés se refusent tout naturellement à goûter ce liquide, qui n'est rien moins que doux, et braillent à plein gosier. Cela réjouit la mère, car plus fort l'enfant crie, mieux on peut croire que le miracle s'opère et que la langue se délie. On attribue aussi des propriétés mystérieuses aux colonnes de la niche à prières. La partie inférieure de leur fût est recouverte d'une patine qui leur donne un aspect peu agréable : elle doit son origine au jus de citron qu'a laissé la langue des enfants.

Le moristan renfermait, avec le mausolée, une école et un hôpital de dimensions énormes. A chaque maladie étaient réservées des chambres particulières, où chaque patient avait son lit. On recevait les femmes dans une partie de l'édifice séparée de la division des hommes; les malades, riches ou pauvres, étaient soignés pour rien. Aux salles étaient attachés des laboratoires, des pharmacies, des cuisines, des bains, même une salle de cours, où le médecin chef de l'institution donnait à ses internes des leçons de médecine. L'école dépendante de l'hôpital était richement dotée, possédait sa bibliothèque particulière, et avait une pension d'enfants, où seize orphelins pauvres recevaient le logis, l'habillement et la nourriture.

Cette fondation de Kalaoun survécut longtemps au souvenir de ses exploits guerriers. Aujourd'hui encore, les Cairotes aisés dépensent en charités de toute sorte une part considérable de leurs revenus. Les fondations pieuses consistent le plus souvent en espèces ou en biens-fonds, qui sont administrés par quelques autorités compétentes. La plupart sont rattachées à des mosquées, et servent à l'entretien d'écoles ou de fontaines qu'on trouve toujours dans le voisinage des temples. Ces donations appelées *sebil*, destinées à assouvir l'altéré, sont un grand bienfait dans une zone où ne tombent point les pluies, et dans une ville qui n'a guère que des eaux d'infiltration saumâtres. Des inscriptions en lettres dorées rappellent le nom du fondateur. Quelquefois, les fontaines publiques sont surmontées d'un étage renfermant plusieurs chambres, dans lesquelles se tiennent des écoles élémentaires, entretenues aux frais de la fondation, et réservées généralement à des garçons sans famille; de la sorte, chaque fondateur de fontaine mérite en même temps le titre de bienfaiteur des orphelins. Les plus anciens de ces établissements remontent à une époque où personne, en Europe, n'avait songé à élever des orphelinats. Beaucoup d'écoles et de fontaines remontent au temps des mamelouks.

Le règne du sultan Hassan, fils de Nasir, fut signalé par une calamité épouvantable qui s'abattit sur le Caire, et par l'achèvement d'une œuvre admirable, qui aujourd'hui encore passe pour le plus bel ornement de la ville des califes. Hassan lui-même se réfugia à Siryakous, pendant la durée de la peste la plus terrible qui ait jamais frappé l'Égypte et qui, de novembre 1348 à janvier 1349, enleva chaque jour des milliers de victimes. Cette épidémie de *mort noire* se répandit de Constantinople sur l'Italie, sur l'Espagne, sur la France, sur l'Allemagne; elle paraît être venue aux bords du Nil par la Chine, la Tartarie, la Mésopotamie et la Syrie. Ce n'était pas aux hommes seuls, c'était à tout ce qui avait vie, même aux plantes, que s'attaquait le poison de cette maladie épouvantable; les cadavres d'innombrables poissons flottèrent à la surface du Nil. En deux mois, on enterra 900,000 personnes à Fostat et au Caire.

On comprend malaisément comment, après ces jours d'épouvante, le sultan Hassan a pu trouver les moyens et la force nécessaire pour édifier un temple, qu'on vante avec raison comme le plus superbe et le plus parfait de l'architecture arabe. Comme on lui conseillait de suspendre un travail qui absorbait de si fortes sommes, il ne se laissa point détourner de son entreprise, mais répondit qu'il ne voulait donner à personne le droit de dire qu'un prince d'Égypte n'avait pas eu les moyens d'élever un temple à son Dieu. La mosquée terminée, on conte qu'il fit trancher les mains à l'architecte, pour l'empêcher d'aller construire ailleurs une œuvre aussi belle.

L'édifice diffère essentiellement, par la disposition, des

mosquées plus anciennes que nous connaissons. Le maître à qui l'exécution fut confiée ne sut pas échapper entièrement aux influences européennes, et plus spécialement à celle de l'art italien. Il possède cependant toutes les parties que nous savons être indispensables à un temple musulman. La cour est, dans la mosquée d'Hassan, comme ailleurs, le cœur de l'édifice : seulement, elle est plus petite, et, au lieu d'être entourée d'arcades, elle est flanquée, sur ses quatre faces, de quatre salles, recouvertes chacune d'une arche élevée, du plus grand effet. La cour et les quatre ailes, prises dans leur ensemble, affectent la forme d'une croix grecque. On ne peut pénétrer dans cette cour découverte, que la lumière inonde, sans éprouver une impression profonde. Tout ce qui entoure le visiteur est disposé gravement, majestueusement, harmonieusement.

Si l'on examine avec attention, et un à un, les détails de l'ornementation du sanctuaire et de la chambre sépulcrale, on sent le goût satisfait pour la richesse et la variété des jeux de lignes entrecroisées, par les formes élégantes et ingénieuses que présentent les figures qui reviennent régulièrement; on cherchera à comprendre le sens des mots et des phrases du Coran qui sont insérés dans les arabesques en guise d'ornements. Le musulman ne doit employer aucune image pour animer la solitude de ses temples ; il ne réussit à y introduire la vie qu'en se jouant hardiment avec les lignes et en adressant au spectateur des paroles chaleureuses. Toutes les parties de cet édifice splendide sont malheureusement négligées et endommagées. Rien n'est beau pourtant comme ces baies immenses qui s'ouvrent comme quatre portes géantes sur les côtés de la cour, et portent les murs, couronnés simplement de créneaux en forme de lis.

La cour est dallée de marbre multicolore; au milieu, s'élèvent deux puits, l'un grand, l'autre plus petit. Le premier est destiné aux ablutions des Égyptiens, et porte une coupole, dont la forme fantastique rappelle celle d'un globe terrestre peint en bleu, qu'on aurait orné d'un croissant et entouré d'une large ceinture, chargée d'une inscription en lettres d'or. Le second était d'abord réservé aux Turcs. Sur le côté sud-est de la cour, s'ouvre, avec une volée de vingt et un mètres, la baie de la voûte où est le sanctuaire. Il n'y manque aucune des pièces de mobilier que nous avons fait connaître à propos de la mosquée d'Amrou. La chaire est soutenue par des colonnettes en pierre. Hassan, qui dans le temps qu'il était détrôné, s'était adonné aux études de théologie, y montait parfois pour prêcher au peuple.

Tout à fait à l'arrière-plan de ce saint des saints, se trouve la niche à prières, à l'entrée du mausolée destiné au fondateur de la mosquée. Il produit une impression de majesté étonnante : c'est une salle quadrangulaire, au milieu de laquelle se trouve le tombeau (1363). Elle est recouverte d'une coupole, qui atteint 28 mètres de haut. Les murs sont revêtus par le bas de marbre de couleur, et portent une frise formée par des sentences du Coran écrites en gros caractères. On ne fait rien pour l'entretien de cette mosquée. Les Cairotes n'en sont pas moins assidus au tombeau d'Hassan, car ils ignorent qu'on ne trouva pas le cadavre et que, par conséquent, il ne peut reposer en cet endroit. Ils se rassemblent de préférence dans les grandes salles, lorsqu'il s'agit de notifier publiquement toute sorte de sujets, mais beaucoup d'entre eux vont à la salle qui renferme le tombeau du sultan, afin d'obtenir la guérison de certaines maladies. Pour se débarrasser du catarrhe ou d'infirmités analogues, on arrose le seuil en porphyre du mausolée, on y frotte une brique miraculeuse soigneusement conservée à cet effet, puis on se mouille la langue avec l'eau rougeâtre qui résulte de cette opération.

En vérité, ce n'est pas à ces pauvres âmes abandonnées à la plus misérable superstition que songeait l'artiste quand il conçut et bâtit le grand portail du nord. Quelques degrés y montent, et, du palais auquel ils conduisent, il jaillit à une hauteur de 20 mètres. Il se termine au sommet par une demi-coupole cannelée, qui s'appuie sur des stalactites. Une riche parure d'arabesques orne les parois internes; une partie de la large corniche en haut-relief, formée par un encorbellement de petites niches qui entoure au dehors la mosquée entière, couronne l'ornementation de cette belle façade, où s'ouvre l'entrée réelle du temple. La grande coupole, légèrement renflée, est reliée au cercle qui la soutient par un support polygonal. Le plus grand des deux minarets n'a pas son pareil au Caire pour la hauteur : il mesure 86 mètres. On ne saurait trop louer la solidité de la maçonnerie. Par malheur, un des minarets avait des fondations moins fermes que le reste de l'édifice : il s'effondra peu après l'achèvement de l'œuvre, et détruisit dans sa chute le puits, ainsi que l'école que Hassan avait établie auprès de sa mosquée, et où trois cents orphelins recevaient l'éducation à ses frais. Ces malheureux furent écrasés tous ensemble par les blocs qui roulaient sur eux de très haut.

Fig. 21. — Niche à prières.

Nous nous sommes arrêtés longtemps à décrire cet édifice : c'est qu'on le regarde à bon droit comme le plus beau et le plus noble des mausolées à coupoles. Il n'en manque pas au centre de la ville; mais le plus grand nombre s'élève à l'occident du Caire, et forme des groupes importants qu'on connaît sous le nom de *tombeaux des califes* et *tombeaux des mamelouks.* Ces derniers s'étendent jusqu'au sud de la citadelle, et l'on ne sait plus quels princes y reposent. Au contraire, des inscriptions bien conservées prouvent que les soi-disant tombeaux des califes n'ont aucun droit à porter ce nom.

Les successeurs des mamelouks bahirites furent les mamelouks borgites ou circassiens (1381). Le premier qui réussit à s'emparer du sceptre, Barkouk, avait été esclave. Vendu en Égypte, il renversa les mamelouks bahirites et se maintint dix-sept ans sur le trône. Le Caire fut le théâtre fréquent de soulèvements et de massacres sous ces nouveaux mamelouks. Barkouk éleva une belle mosquée auprès de son mausolée, un puits et une école.

Une des plus belles mosquées du Caire est due aussi à l'un des successeurs de Barkouk, el-Mouaiyad, qui était arrivé comme esclave en Égypte, à l'âge de douze ans. Il l'éleva en 1415, à l'endroit même où se trouvait une prison dans laquelle l'avaient jeté ses ennemis. Pendant sa captivité, il avait fait vœu de changer le cachot en mosquée s'il parvenait jamais au pouvoir; sultan, il tint sa parole de la manière la plus brillante. Quand on visite cette mosquée, on est ébloui par l'éclat des couleurs, la richesse des matériaux employés et le débordement de la décoration. Comme dans les vieilles mosquées, la cour et la fontaine sont entourées d'arcades. Beaucoup de colonnes, d'ordre corinthien, sont l'œuvre d'artistes grecs ou romains, et ont été arrachées à d'anciens édifices. Le plafond du sanctuaire est découpé en compartiments, caissonné, peint et doré.

Après le renversement du dernier des sultans circassiens, le mamelouk Kaït-bey, que le sultan Bours-bey avait acheté cinquante dinars, réussit à s'emparer du trône et à l'occuper vingt-neuf ans. Sous lui, le général Ezbek, qui donna son nom à l'Ezbekiyeh, la plus grande et la plus belle place du Caire, se distingua entre tous. Venu en Égypte, comme esclave, il avait acheté, pour y élever ses chameaux, une partie du terrain sur lequel s'étend aujourd'hui la place qui porte son nom : ce terrain, jadis couvert de maisons de campagne et de jardins, n'était plus, quand il en prit possession, qu'une solitude de décombres. Ezbek commença par rétablir le canal, dont l'envasement, faute d'entretien, avait amené la ruine dans ce quartier, déblaya l'emplacement et construisit sur les côtés de splendides édifices. D'autres grands personnages suivirent bientôt son exemple, et la mode s'établit, chez les gens riches et de distinction, d'avoir une maison sur l'Ezbekiyeh. Il a donné son nom à une belle mosquée, dont la richesse de décoration est particulièrement estimée par les amis de l'art arabe.

La place de l'Ezbekiyeh a traversé bien des vicissitudes, avant de devenir au Caire le centre de vie européenne qu'elle est aujourd'hui, et dont l'éclat et la beauté sont, on peut bien le dire, connus du monde entier. Les superbes squares qui en occupent le milieu, ses pompeux hôtels, les grands édifices publics et les superbes maisons qui l'environnent ne dépareraient aucune ville européenne.

Lorsqu'on sort du Caire pour aller du côté des Tombeaux des califes, on passe devant un grand édifice qui porte le nom d'*okel* de Kaït-bey et fut construit par ce sultan. Au Caire, ainsi que dans la plupart des villes de l'Orient, il y avait une grande quantité de ces *okels* ou khans. Ils servaient et servent encore à recevoir les marchands, ainsi qu'à mettre leurs marchandises en sûreté, et se composent d'une cour entourée de bâtiments, dont les étages inférieurs renferment des magasins voûtés et dont les parties supérieures sont employées comme chambres d'habitation ou comme greniers. La plupart des okels (il y en aurait encore deux cents au Caire) sont nommés d'après celui qui les a fait construire.

Le sultan Kaït-bey a fait construire aussi une mosquée qui passe, à juste titre, pour la plus charmante du Caire. Son ordonnance architecturale ressemble presque partout à celle du sultan Hassan. Un seul détail lui appartenait en propre, une lanterne en bois découpé qui recouvrait la cour moyenne, et laissait pénétrer, en les tamisant, l'air et la lumière du jour. Elle s'est malheureusement écroulée depuis quelques années; mais les belles proportions des chambres intérieures produisent encore une impression d'harmonie parfaite, et font de la mosquée un endroit particulièrement agréable. Il est rare cependant de rencontrer un fidèle qui s'agenouille sur les débris du dallage en marbre de couleur. Si quelque Cairote s'y rend par hasard, c'est pour y adorer deux cubes de granit enchâssés dans un revêtement hideux : l'un d'eux, le gris, porte la trace des deux plantes du Prophète; l'autre, le rouge, celle d'un seul des pieds de l'envoyé de Dieu.

Kansou-el-Ghouri, l'un des successeurs de Kaït-bey, avait la main toujours ouverte pour les chanteurs et pour les chanteuses, comme pour les musiciens et pour les poètes. Les conteurs avaient toujours, dit-on, le libre accès de sa personne. Son temps est celui où fleurirent les contes orientaux. On ne peut s'empêcher de croire que les récits des *Mille et une Nuits*, dont la plupart couraient depuis longtemps de bouche en bouche, ont été transcrits sous son règne (1501-1516), ou peu de temps auparavant. Les conteurs ont le droit de donner libre carrière à leur fantaisie, mais il faut qu'ils surmontent avec aisance et avec agrément les difficultés qu'ils se créent à eux-mêmes et que le jeu de la poésie enveloppe de formes agré-

Fig. 22. — Minaret de la mosquée de Kaït-bey

ables leurs pensées les plus profondes, de la même manière que les arabesques font les lignes fondamentales des édifices arabes.

La mosquée de Kansou-el-Ghouri est la dernière qui nous reste à mentionner pendant cette arrière-floraison de l'architecture égypto-arabe. On ne peut lui refuser une certaine splendeur apparente; mais la dégénération du style commence à percer dans les détails. Le mausolée d'El-Ghouri, parmi les tombes des califes, est un cube coiffé d'une coupole surhaussée. Le sultan n'y put être déposé, car il tomba en 1516 sur le sol syrien, dans une bataille contre les Osmanlis, et sa tête fut portée au sultan Sélim qui, l'année d'après, mit fin pour toujours à l'indépendance de l'Égypte. Les Osmanlis devinrent maîtres de l'Égypte.

Ce fut la fin de la domination des mamelouks et le commencement du régime turc.

CHAPITRE VI.

LE CAIRE. — PÉRIODE DE DÉCADENCE.

A partir de ce moment, l'Égypte n'est plus qu'une province de l'empire ottoman. Des gouverneurs, envoyés de Constantinople, résident dans la ville, et un général turc dans la citadelle du Caire. A côté d'eux, un conseil d'État composé d'officiers, de savants et de mamelouks de distinction. Afin d'empêcher l'un d'eux de se concilier les habitants de la vallée du Nil, les gouverneurs n'étaient nommés que pour un an et la brièveté de ce délai les invita à remplir en toute hâte, avant l'expiration de leur mandat, la seule de leurs fonctions dont ils s'acquittent avec zèle, l'accroissement de leur fortune personnelle. Sous les mamelouks, le commerce avait introduit des masses d'or en Égypte et la prodigalité des parvenus restituait au peuple les sommes qu'on lui avait extorquées; sous les Turcs, tout ce qu'on vola fut perdu pour l'Égypte et échut à l'étranger.

Cet état de choses ne s'améliora pas, lorsque la conduite des affaires passa des mains des employés du sultan à celles de vingt-quatre beys et de leurs mamelouks, qui commandèrent, selon leur caprice, dans les provinces. Ces nouveaux maîtres prirent parmi eux un chef, le *cheikh el-beled* ou seigneur du pays, qu'ils mirent à leur tête; et comme, en tout temps, beaucoup de beys élevaient des prétentions à cette haute position, ce ne furent plus désormais que querelles sanglantes, dont les rues du Caire étaient le théâtre ordinaire. Vers le milieu du siècle dernier, un homme de valeur, Ali-bey, réussit enfin à établir comme cheikh el-beled, sa domination sur l'Égypte entière.

Le Caire ne doit à cette époque aucune fondation qui mérite d'être mentionnée; si le vieil éclat de la ville des califes y pâlit, si tout ce qu'il y avait de grand et de beau dans cette civilisation originale se détruisit et se ruina, la faute en est en premier lieu aux Turcs et à la mauvaise administration de leurs gouverneurs. Ceux-ci ont été, pour ainsi dire, les fossoyeurs de la splendeur ancienne; il faut se souvenir qu'ils ont passé par là, pour s'expliquer tristement qu'il y ait au Caire tant de ruines, que les plus beaux édifices du temps des califes n'ont pas échappé à une ruine totale, aujourd'hui encore où l'on fait tant pour embellir la résidence du khédive; que, hors les murs de la ville, les monceaux de décombres succèdent aux monceaux de décombres, et que, devant les portes, parmi les restes des tombeaux magnifiques et des maisons de plaisance, des vautours et des chiens sauvages se repaissent, sans être dérangés, des carcasses répugnantes d'animaux morts et abandonnés.

Le caractère du peuple, son manque absolu de sens historique et la négligence des architectes de l'époque des califes, sont pour beaucoup dans la destruction des monuments civils et religieux des plus beaux. L'Oriental n'est nullement conservateur par nature ; c'est plutôt un utilitaire, dans toute l'acception du mot. Le vieux, quand même le temps y a marqué son empreinte et l'a rendu vénérable, ne lui inspire rien, s'il n'y voit rien d'utile. La valeur artistique ou la signi-

Fig. 23. — Fragments de colonnes.

fication historique d'un monument ne lui paraissent pas suffire seules à en justifier l'existence. L'Oriental n'éprouve aucun chagrin quand on détruit les monuments du passé.

Les *histoires* plaisent à l'Oriental, parce qu'elles récréent son esprit et stimulent son intelligence. qui ne se fatigue jamais d'emmagasiner des faits réels ou fictifs; l'histoire, telle que nous la concevons et la cultivons, n'est pas comprise en Orient. Ce sont des fables que le peuple attache le plus souvent aux édifices sacrés et aux reliques, fables qui se perdent dès que tombent en ruines les monuments qui leur ont donné naissance. Traditions et légendes n'existent qu'à la condition de s'appuyer sur un objet ou sur un endroit déterminé.

Les Égyptiens attribuent des vertus particulières à beaucoup de reliques; on croit aussi que certains édifices ont en eux des forces miraculeuses. La plupart des légendes pieuses se rattachent aux tombeaux des saints, qu'on nomme *ouélis* comme les saints eux-mêmes. Ils sont nombreux et peuvent être considérés comme le centre de la vie religieuse des Cairotes. Les plus anciens de ces tombeaux ne sont pas moins mal conservés que les autres constructions du temps des califes. On les trouve parfois dans les mosquées qui portent le nom du saint qui y est enseveli; d'autres fois, ce sont des édifices indépendants. Une coupole les recouvre, et leur chambre étroite renferme, en outre, comme objet principal, et dissimulé sous un tapis, le cercueil du saint à qui les visiteurs adressent leurs prières. Ces tombeaux s'élèvent d'ordinaire à l'endroit même où le saint, dont ils recouvrent les restes, avait sa cellule d'anachorète. On en rencontre beaucoup dans tout l'Orient; car il est considérable le nombre des hommes dont le tombeau est devenu le théâtre d'un culte païen, et nombreuses sont les légendes merveilleuses que la croyance populaire attache au lieu dans lequel il repose. Un musulman dévot ne passera jamais devant une tombe de la sorte, sans faire une prière muette, et sans invoquer l'appui du saint pour ses entreprises.

La nuit, lorsqu'on revient d'une excursion plus lointaine

que de coutume, on entend souvent, avant d'arriver au Caire, un récitatif monotone, plutôt qu'un chant, de sentences arabes, interrompu de temps en temps par un cri perçant, qui s'échappe de la poitrine d'un homme saisi par l'extase pieuse au milieu de sa prière. Une sorte d'horreur sainte surprend le voyageur; il ne peut s'empêcher de ressentir un certain effroi, lorsqu'à ses yeux se montrent, perdues dans les ombres de la nuit tranquille, les formes des derviches, qui profitent des heures tardives pour exécuter, autour d'un tombeau de saint, leurs mouvements bizarres, et pour réciter à ciel ouvert le *zikr* mystique.

L'étranger en visite dans la ville des califes peut, en tout temps, voir ces cérémonies religieuses d'un genre particulier, s'il entre à une certaine heure dans un couvent de derviches (*têkieh*). Les tékiehs sont pour la plupart élevés à l'endroit où résidait un ouéli, qui était en rapports étroits avec l'ordre auquel appartient le couvent.

Chaque jeudi, à la tombée de la nuit, on voit une troupe de derviches, des bonnets en pain de sucre de feutre gris sur la tête et des lampes à la main, filer en procession par la rue Abdin, puis tourner à gauche dans les culs-de-sac infects du quartier grec. Ils se rendent à une mosquée rarement visitée de l'étranger, et passent la nuit entière à faire zikr sur le tombeau du saint qui y est enseveli. Plus d'un dévot non initié prend part à ces exercices pieux, car le peuple recherche leur compagnie. Non seulement l'homme du commun, mais plus d'un Cairote instruit et bien élevé va au tombeau des ouélis, surtout à cause des miracles qu'on leur attribue. On se rend à certains tombeaux de saints parce qu'on espère y trouver aide et secours contre l'affliction matérielle; d'autres fois, c'est pour obtenir une postérité. Aux environs du Caire, on trouvait encore au siècle dernier, sous un sycomore, une *Koubbeh* dont la poussière possédait la propriété de guérir l'animal dont on saupoudrait le membre malade.

Le culte des Cairotes pour les tombes est entretenu surtout dans le *Karafeh*, le plus grand de tous les cimetières de l'Orient. Si quelques croyances de l'Égypte pharaonique se sont transmises aux habitants musulmans de la vallée du Nil, c'est là qu'on peut en trouver la trace. Le peuple va au karafeh, souvent le vendredi avant le coucher du soleil, régulièrement à de certaines fêtes, entre autres à celle d'El-Id. On voit alors les hommes, les femmes et les enfants couvrir en grand nombre les rues qui mènent aux cimetières. Une vie bruyante et animée se meut et s'agite dans la ville des morts, si tranquille d'ordinaire et si déserte; on dépose des rameaux de palmier sur les fosses, on distribue aux pauvres des dattes, du pain, des aumônes; on invoque, en prières de longue haleine, les mânes des saints les plus éminents. Une grande partie de la nécropole porte le nom de *Chaféi :* les étrangers y viennent visiter, entre autres, la mosquée funéraire, Hoch-el-Pacha, de la famille vice-royale, où se trouve le beau sarcophage du général Ibrahim-Pacha, père du khédive Ismaïl, et où l'on récite le Coran du matin au soir.

On attribue des vertus toutes particulières à la tombe de l'iman Ibn-Sad, surnommé *le Père des miracles*, et qui, mort, fait plus de prodiges encore qu'il n'en faisait étant vivant. On remarquera également les tombes des Sadat al-

Bekriyeh, c'est-à-dire des supérieurs des ordres de derviches égyptiens, qui descendent en droite ligne du calife Abou-Bekr; leur dignité a joui jusqu'à nos jours d'une haute con-

Fig. 24. — Le *Karafèh* (cimetière) du Caire.

sidération, et son possesseur a une grande importance dans beaucoup de fêtes populaires et religieuses. Les tombes des Sadat al-Alaouiyyah, c'est-à-dire les supérieurs temporaires des ordres qui remontent à Ali, sont aussi en cet endroit. Le possesseur actuel de cette dignité relevée, mais rarement importante, est un riche propriétaire, de manières engageantes, qui montre, avec une prévenance exquise, à l'étranger qu'il accueille, sa belle et vénérable maison patrimoniale, celle peut-être des maisons d'habitation du vieux temps qui a le plus de cachet dans tout le Caire, et sa bibliothèque choisie, riche en raretés bibliographiques. Il a eu l'amabilité de mener plus d'un savant européen au sépulcre sacré de ses ancêtres, où se trouve son arbre généalogique, qui a la prétention de remonter jusqu'à l'époque de la conquête de l'Égypte par les musulmans.

La tombe à laquelle on s'arrête avec le plus de respect et de vénération est celle du cheikh Omar ibn-el-Farid, le poète de *la Chanson du vin*, ce cantique des cantiques de l'amour mystique de Dieu chez les musulmans. Ce poème est allégorique d'un bout à l'autre, et célèbre non pas le jus réel de la vigne et son action, mais l'extase du *soufi* ivre de Dieu, qui a bu le doux breuvage fumeux de l'amour de Dieu, a dépouillé son individualité corporelle et n'est plus qu'un avec son bien-aimé céleste. On récite souvent, auprès de la tombe du cheikh Omar, les vers de ce poème, qui plongent les assistants dans un ravissement extrême. Mais laissons les ruines et les tombes, pour nous occuper de la capitale nouvelle et refleurie, de ses habitants actuels, de la maison princière à qui il a été donné d'arrêter la décadence de l'Égypte.

CHAPITRE VII.

LA RÉNOVATION DE L'ÉGYPTE.

Déjà, au dix-septième siècle, Leibnitz avait adressé à Louis XIV un mémoire détaillé, où il lui suggérait l'idée de conquérir l'Égypte. Bonaparte gagna l'assentiment du Directoire à son plan, en lui démontrant qu'on ne pouvait lutter contre la puissance de l'Angleterre nulle part d'une manière plus efficace que sur le sol d'Afrique. La France une fois maîtresse de la vallée du Nil, il ne lui serait plus difficile de fermer les routes du commerce anglais et de mettre la main sur l'Inde. Le secret le plus profond avait été gardé sur le but du voyage, quand les vaisseaux de la République avaient fait voile de Toulon; ils abordèrent à Alexandrie le 2 juin, et, dix-neuf jours plus tard, la célèbre bataille des Pyramides décidait du sort de l'Égypte. La victoire eut pour résultat de faire tomber le Caire et la domination sur la vallée du Nil aux mains des Français : ils surent s'y maintenir trois années durant, malgré l'anéantissement de leur flotte à Aboukir (1er août 1798) par l'escadre de Nelson.

Après le retour de Bonaparte en France, Kléber prit le

commandement, livra la mémorable bataille d'Héliopolis, mais tomba sous le poignard d'un jeune fanatique d'Alep, dans une rue du Caire. Quelques mois plus tard, les Anglais forcèrent son successeur incapable, Menou, à capituler, au Caire d'abord, à Alexandrie ensuite (1801). La France dut renoncer à la possession de l'Égypte, mais son influence y est restée toute-puissante. Les Français réussirent surtout à se mettre en faveur auprès de l'homme éminent qui a dirigé vers de nouvelles visées les destinées de l'Égypte, nous voulons parler de Mohammed ou Méhémet-Ali.

Cet homme étrange naquit en 1769 à Cavala, petite ville de la Macédoine. Il était de famille pauvre, mais non abjecte. Il demeura orphelin de bonne heure. Ayant obtenu dans l'armée un avancement rapide, il fut bien reçu par Khosrew-pacha, le nouveau gouverneur envoyé par la Porte. Il comprit que la situation politique de l'Égypte ne pouvait se maintenir plus longtemps, si elle demeurait sous la domination des beys. Il s'assura le dévouement de soldats turcs licenciés par Khosrew, se fit nommer commandant en chef de toute la police, et s'empara du gouvernement de la Basse-Égypte. Enfin, il se fit proclamer pacha par les Cairotes.

Après avoir battu plusieurs fois les beys, dont l'administration capricieuse compromettait tout développement du pays, il anéantit leur opposition par un coup de force, l'un des plus terribles dont parle l'histoire. Le 1er mai 1811, il les invita tous, au nombre de quatre cent quatre-vingts, à une fête dans la citadelle du Caire. Ils s'y rendirent en troupe, montés sur leurs beaux chevaux richement équipés, parés de vêtements précieux et d'armes splendides. Ils avaient

Fig. 25. — Mohammed-Ali ou Méhémet-Ali, pacha d'Égypte.

à peine franchi l'étroite ruelle ombragée de hauts murs, qui conduit à la porte El-Azab de la citadelle, qu'un coup de canon fit trembler l'antique muraille : Mohammed-Ali donnait à ses soldats albanais le signal de la boucherie. Soudain, par toutes les fenêtres, par toutes les lucarnes, jaillirent l'éclair et le fracas d'une fusillade bien ajustée. C'étaient les Albanais qui ouvraient le feu, cachés derrière l'épaisseur du rempart. La mort moissonne largement parmi les cavaliers. Ceux d'entre eux que les balles meurtrières ont épargnés sautent à bas de cheval, tirent le sabre du fourreau et le pistolet de la ceinture; mais ils cherchent en vain l'ennemi sous les coups duquel ils succombent, ils ne voient que murailles solides qui montent à pic, et vomissent la destruction sur eux sans relâche. Sur quatre cents mamelouks, un seul échappa : Amin-bey, que son cheval enleva, dans un bond effroyable, par-dessus le parapet de la citadelle, et sauva de la sorte. Les Cairotes croient à la réalité de ce saut prodigieux, et montrent l'endroit où il s'accomplit.

Si affreux que fût ce crime, on ne peut se dissimuler que, si on eût laissé les mamelouks en possession du pouvoir, l'Égypte serait tombée dans une terreur sans fin. Celui qui commit un tel acte n'était cependant pas un fou sanguinaire : c'était un politique accessible à toutes les émotions du cœur; mais il courait droit à son but et ne reculait devant aucun moyen, fût-ce le plus épouvantable, lorsque le but à atteindre était grand. Comme épilogue à la tragédie de la citadelle, les mamelouks restés dans les provinces, plus de six cents en tout, furent égorgés sur l'ordre de Mohammed-

Ali. Les gouverneurs envoyèrent à la capitale, par manière d'acquit, les têtes des victimes.

La Porte, commençant à trouver dangereux ce vassal qui régnait sur l'Égypte avec une puissance illimitée, le chargea d'une campagne contre les Ouahabites. Grâce au talent militaire de son fils adoptif, Ibrahim-pacha, la guerre fut menée à bonne fin. En 1841, un firman solennel déclara Mohammed-Ali prince héréditaire d'Égypte et lui conféra divers droits importants. Mohammed, tombé en enfance, remit le gouvernement à Ibrahim en 1848, et mourut en 1849.

Les jardins du palais de Choubrah, où il mourut, sont un but de promenade habituel pour les Cairotes et pour les étrangers. C'est une distraction pendant les mois d'été, un peu avant le coucher du soleil, de voir le monde européen élégant se rencontrer, sous l'ombrage des arbres rares, avec le monde africain. Les voitures de louage et les équipages ouverts, qui encombrent la célèbre allée de Choubrah, auraient l'apparence aussi occidentale que possible, n'étaient les *saïs* qui courent par devant. Les voitures fermées renferment les beautés au voile transparent des harems aristocratiques. Sur les bas-côtés de l'allée, des hommes et des femmes arabes vendent des oranges et d'autres rafraîchissements; des garçons jardiniers, un bouquet au turban, offrent aux passants des fleurs et des bouquets; souvent, quelque paysan, un pèlerin ou des Orientaux étrangers au Caire, se tiennent arrêtés et contemplent, bouche béante, cette animation et ce mouvement nouveaux pour eux.

C'est sous Méhémet-Ali que fut entreprise l'immense construction qui, sous le nom de *barrage du Nil*, sert à la fois de pont, de digue et d'écluse. Ce barrage devait à la fois

Fig. 26. — Les sucreries d'un gamin égyptien.

régler la distribution des eaux, de manière à rendre les machines hydrauliques inutiles, en amont de l'endiguement, et maintenir navigables les bras du Nil, qui n'ont plus assez de profondeur dans le Delta pendant la saison sèche. Il devait servir de pont, et, par l'adjonction au corps du barrage de constructions fortifiées, fournir un point d'appui difficile à enlever contre une armée ennemie qui menacerait le Caire du côté du nord. Malheureusement, la construction demeura inachevée. Pour le moment, c'est une voie de communication entre les deux rives du Nil, mais qui, loin d'être utile à quoi que ce soit d'autre, gêne plutôt la navigation.

Le monument le plus considérable et le plus connu que Mohammed-Ali ait élevé au Caire est la mosquée qui porte son nom. Elle s'élève dans la citadelle même, et se couronne de deux minarets, élancés jusqu'à l'exagération et visibles de fort loin. Le fondateur y repose dans un tombeau entouré d'une belle grille. On n'épargna rien pour la construire, et l'albâtre jaunâtre, que les anciens Égyptiens ont travaillé de mille manières, y est employé si profusément, qu'elle en a pris le nom de *Mosquée d'albâtre*. L'avant-cour, entourée de galeries voûtées, et la fontaine élevée au milieu, ont surtout l'éclat marmoréen particulier à ce genre de pierre. On peut en dire autant de la grande salle, construite sur le modèle de Sainte-Sophie : les murs en sont comme tapissés de plaques d'albâtre, et au centre quatre piliers puissants soulèvent une coupole hardiment arrondie. Par malheur, cet édifice a, lui aussi, bien des parties inachevées.

Le petit-fils de Mohammed-Ali, le fils du grand général Ibrahim, le khédive Ismaïl, monta sur le trône vice-royal en 1863. Il régna jusqu'en juin de 1879, et l'on sait à la suite de quels événements il fut contraint d'abdiquer en faveur de son fils aîné Tewfik. Ce dernier prince mourut le 7 janvier 1892 et eut pour successeur Abbas II.

Au nombre des travaux grandioses qu'Ismaïl entreprit, mettons en première ligne les nombreuses voies ferrées qu'il construisit dans le Delta, la Haute-Égypte et le Fayoum. Non seulement le fil télégraphique accompagne en tout lieu les routes parcourues par la machine à vapeur, mais il suit les côtes désertes de la mer Rouge et les rives du Nil jusqu'à Khartoum. Ismaïl a fondé la plupart des fabriques de sucre, dont on voit les cheminées au milieu des plantations, dans la Moyenne et la Haute-Égypte. Fraîche, la canne sert de régal aux femmes et aux enfants; rien de plus drôle que de voir deux petits garçons sucer la sève sucrée d'une même tige. Enfin, Ismaïl établit une voie commerciale et une rigole d'irrigation remplie d'eau potable pour relier le Nil à la mer Rouge.

Mais il était réservé à notre siècle, et aux moyens gigantesques dont il dispose, de relier, non seulement le Nil, mais la Méditerranée, à la mer Rouge, et de résoudre le problème que présentait cette entreprise, de façon à exclure toute crainte d'une destruction répétée par la négligence des hommes ou par la force des éléments. Un nom est attaché à cette grande œuvre, celui de M. de Lesseps.

Jusqu'à l'arrivée dans le port de Suez, la traversée du canal maritime présente peu de variété. Port-Saïd est la porte que doivent franchir tous les vapeurs venus du nord, lorsqu'ils veulent passer, à travers l'isthme, de la Méditerranée dans la mer Rouge. Le phare qui montre le chemin aux navires, les môles et les quais, peuvent être comptés au nombre des travaux les plus considérables qu'on ait accomplis en ce genre. La ville de Port-Saïd se développe lentement et offre peu de ressources au voyageur. Des levées le long du rivage, d'un côté le désert, de l'autre une eau saumâtre encombrée de roseaux, c'est tout ce que l'œil rencontre jusqu'à El-Kantarah. Cette place frontière, si importante comme lieu de transit, était, dans l'antiquité, sur la route qui menait les caravanes de Syrie en Égypte.

Le canal traverse le lac Balakh, au sud d'El-Kantarah, atteint le seuil d'El-Gisr, c'est-à-dire la partie du canal qui a présenté le plus de difficultés aux ingénieurs et aux ouvriers; tandis qu'ailleurs le sol plat de l'isthme n'offrait que peu d'obstacles, il fallut ici percer un mouvement de terrain haut de 16 mètres. Plus loin, c'est le lac Timsah. Sur la rive nord, s'étend la ville d'Ismaïlia. Pendant le percement du canal, c'était le point central des travaux. Le khédive s'y fit bâtir un château.

On passe ensuite devant des ruines qu'on croit être celles d'un temple de Sérapis. A droite, le ruban étroit du canal d'eau douce se déroule et reluit; on a découvert sur ses berges plusieurs monuments d'époque perse. Puis, l'on pénètre dans le lit allongé des anciens lacs amers. A l'ouest, au fond d'une petite baie, le village de pêcheurs de Suez s'est transformé, en quelques années, en un marché qui se développe d'une façon merveilleuse.

On trouve une installation commode au grand hôtel de Suez. Des Indiens vêtus de blanc, aux yeux noirs et rêveurs, servent sans bruit. La localité est aux trois quarts européenne; le quart restant, le plus pauvre, appartient aux Arabes : ils y ont de petits bazars, où ils exposent leur assortiment de denrées, et un marché, où ils vendent des légumes, des fruits, de la pâtis-

Fig. 27. — Une rue à Suez.

serie, du charbon de bois et des blocs de dattes venant de la péninsule sinaïtique, de la volaille de toute sorte, depuis le dindon jusqu'aux jeunes tourterelles, et, dans un local particulier, un choix fort riche de poissons aux couleurs étranges et de crabes d'un goût exquis, des coquillages et des morceaux de corail que la mer Rouge fournit en abondance. Tout le travail servile, dans les maisons, dans les rues, dans le port, est fait par les musulmans indigènes. On rencontre, sur le marché aux chameaux, qui se tient devant la porte de la ville, des Bédouins libres, parmi lesquels se trouvent des spécimens de la plupart des tribus clairsemées qui peuplent le massif du Sinaï. Une jetée, où passe une voie ferrée, relie le débarcadère des gros navires à la gare du chemin de fer. Cette dernière est encombrée de marchandises étalées en plein air, ou abritées à peine par un toit léger ; la plupart des voyageurs qui descendent des trains sont des musulmans dévots, en pèlerinage vers la Mecque, et qui, d'ordinaire, vont par mer de Suez à Djedda.

Une courte traversée sur une barque suffit pour se transporter sur la presqu'île sinaïtique. Quelques minutes de marche mènent à une oasis entourée de buissons d'opuntia; des palmiers, des tamarisques, des acacias, y croissent auprès de sources boueuses, et quelques familles de Bédouins y cultivent de petits carrés de légumes. Cette tache de verdure, bien arrosée au milieu du désert, s'appelle Oyoun Mousa, les *Sources de Moïse*, et passe, depuis longtemps, pour être l'endroit où les Hébreux se reposèrent, après que les chars et les soldats qui les poursuivaient eurent péri dans la mer Rouge, et qu'eux-mêmes eurent échappé à la colère de Pharaon. Ce serait là aussi que les enfants d'Israël entonnèrent ce merveilleux chant d'actions de grâces, qui, bien des siècles après la délivrance, résonnait encore dans la bouche du peuple, et nous est conservé dans le xve chapitre du livre II de Moïse.

Mais laissons toute l'histoire du Sinaï et de la mer Rouge pour revenir vers le Caire. Quand on arrive vers le Caire, on est assailli par une troupe pressante de conducteurs d'ânes. Ces gamins de la capitale égyptienne ont deux traits caractéristiques : des poumons infatigables, qui leur permettent de suivre, pendant des heures, le cavalier même le plus rapide, et une habileté vraiment étonnante à distinguer les races. Jamais ils ne se trompent, lorsqu'ils jettent à l'Anglais, au Français, à l'Italien ou à l'Allemand les bribes singulièrement mutilées qu'ils ont retenues de leurs langues. L'ânier court, soit derrière, soit devant, selon qu'il excite la monture par des cris joyeux, des coups de bâton ou d'aiguillon, ou bien que, dans les rues populeuses, il prévient les passants d'avoir à s'écarter. En vérité, dans ce pays-ci, celui-là n'est pas un paresseux qu'on qualifie d'âne! Dans la haute Égypte, on peut rencontrer beaucoup de grisons ayant l'oreille coupée, ce sont les voleurs, ceux qu'on surprend sur le pré d'autrui, et qu'on punit par cette mutilation.

Le nouveau quartier d'Ismaïlia a complètement le vernis européen, et s'est construit avec une rapidité surprenante. Des quartiers entiers furent rasés pour faire place à des quartiers neufs et plus beaux, selon le sens de l'Européen moderne. Les plaintes des amis de l'antique, au sujet de ces procédés impies, ne sont que trop fondées; la place de l'Ezbekyeh a subi la transformation la plus saisissante. Des édifices de style européen, majestueux et souvent grandioses, et, parmi eux, les théâtres, les plus grands hôtels, la Bourse, la plupart des consulats, des maisons privées, avec des magasins richement garnis, l'entourent de tous côtés : le jardin public, qui en forme le milieu, est des plus beaux qu'il y ait au monde; aucun, à coup sûr, n'a poussé plus vite.

Promenez-vous, seul, pendant les heures tranquilles de la matinée, sous les arbres ombreux; contemplez, de chaque côté des allées bien entretenues, la beauté des arbustes verdoyants ou des fleurs originaires de tout pays; ou bien, l'après-midi, mêlez-vous à la foule pour écouter avec elle les compositions de nos maîtres, exécutées par un orchestre égyptien, sans négliger toutefois d'admirer la végétation environnante, de plonger le regard dans les grottes artificielles, et de vous promener autour du grand bassin central : vous aurez peine à croire que ce parc, entièrement terminé, n'a été commencé qu'en 1870.

Il va de soi que l'éclairage au gaz ne fait pas défaut dans une ville comme le Caire : personne, après avoir vu les jardins de l'Ezbekiyeh luxueusement éclairés par 2,500 becs, dont beaucoup brûlent dans des cloches de verre coloré façonnées en forme de tulipe, n'oubliera le coup d'œil merveilleux qu'ils présentent. C'est encore un vrai plaisir que d'observer, l'après-midi, les visiteurs de ce beau parc. Toutes les classes de la population y sont représentées. Les Européens fournissent le contingent le plus fort, mais les Orientaux ne manquent pas : Levantins avec leurs femmes, superbes dans leurs couleurs voyantes; Coptes sérieux, vêtus de couleurs sombres; promeneuses voilées, des harems de la bourgeoisie; enfants arabes et occidentaux, avec leurs bonnes noires; soldats égyptiens, *cavas* moustachus au regard martial, dont les plus majestueux sont attachés au service des consulats.

Ce jardin est ouvert au peuple; d'autres, non moins beaux et beaucoup plus vastes, dépendent des nombreux palais du khédive et de sa famille. Aucun n'est plus intéressant que le château de Gézireh, situé sur les bords du Nil. L'architecte Franz-bey a bâti cette demeure princière, et l'a décorée avec une splendeur orientale. Pendant les fêtes d'inauguration du canal de Suez (1869), les hôtes les plus distingués du vice-roi y habitèrent, et de grands bals y réunirent tous les invités. Il renferme des chambres d'onyx, dont chacune a coûté, à ce qu'on dit, 75,000 francs, et l'on ne peut rien imaginer de plus délicieux que la chambre tapissée en satin bleu où logea l'impératrice Eugénie. Mais, quoi qu'on ait vu d'extraordinaire dans les autres parties, on l'oublie rapidement quand on visite le kiosque de Gézireh, tant il laisse loin derrière lui, en splendeur, en agrément, en originalité, tout ce que l'architecture orientale a produit dans les temps modernes.

Le chemin qui conduit à ce palais de fées est lui-même une merveille. Le voyageur est entouré d'une profusion de plantes et de fleurs sans pareilles. Ici, une salle en forme de grotte l'invite au repos par sa fraîcheur; là, une volière élégante, remplie d'oiseaux bariolés, attire sa curiosité. Il suit les bords d'un bassin limpide et, devant lui, s'ouvre la plus aérienne et la plus légère de toutes les salles, construite dans le style de l'Alhambra. Les salles et les chambres de ce vrai palais d'été sont élevées, aérées, et pourtant commodes à habiter. Le riche mobilier qui les garnit est dans le plus bel accord avec tout ce qui l'entoure, et l'on y trouve mainte pièce de valeur artistique et historique.

Les réformes ont été nombreuses en Égypte dans les dernières années. Il faut compter celle de l'éducation scolaire, entreprise par le Suisse Dor-bey; l'organisation de la belle bibliothèque de Darb el-Gamaniz qu'on peut placer à côté des bibliothèques européennes, tant elle est riche et classée; la mise en vigueur d'un code, rédigé d'après les principes du droit français et italien; enfin la suppression de l'esclavage. C'est là un des plus grands actes du khédive. Quand on sait combien profondément l'esclavage est entré dans la vie orientale et en fait partie aujourd'hui encore, on ne saurait refuser à l'homme qui a entrepris sérieusement de le supprimer une reconnaissance bien méritée.

Le khédive Ismaïl doit d'avoir réussi dans les plus importantes de ses réformes, avant tout à son activité infatigable, mais aussi au zèle et au génie de son remarquable ministre, Nubar-Pacha. Nubar conduisit à bien les négociations avec la Porte, qui introduisirent dans la maison vice-royale la succession en ligne directe par voie de primogéniture, et lui assurèrent la faculté de frapper monnaie, de créer des emprunts, de conclure des traités, de porter l'armée à 30,000 hommes, moyennant un tribut annuel d'environ 17 millions. Ismaïl sut agrandir le royaume dont il était désormais maître presque indépendant, par l'acquisition de ports importants sur la mer Rouge, par la prise de possession de la côte des Somalis, du royaume de Harrar et des erritoires abyssins de Bogar et de Galabat.

CHAPITRE VIII.

L'UNIVERSITÉ ET LA MOSQUÉE EL-AZHAR.

Nous avons déjà parlé de la mosquée El-Azhar, fondée par Djohar, général de Moezz. Elle est demeurée, depuis le temps du premier Fatimite jusqu'à nos jours, la source et le point central de toute la vie scientifique en Orient. Pour arriver aux salles célèbres d'où l'érudition musulmane rayonne jusqu'aux extrémités du monde musulman, on quitte le nouveau quartier qui avoisine la place de l'Ezbekiyeh et l'on se dirige vers le Mouski, la rue principale du Caire. A l'étage inférieur, se succèdent les magasins européens et les montres richement disposées. Dans une rue latérale, on trouve deux rangées de boutiques, où l'on vend deux objets d'espèce entièrement distincte : des livres et des pantoufles. Quel motif fait ainsi réunir ces deux denrées si différentes, non seulement ici, mais dans les magasins de Syrie? « Les livres, dit le sage, sont d'ordinaire reliés en rouge, et les pantoufles, elle aussi, en cuir rouge; *ergo*, livres et pantoufles appartiennent aux mêmes boutiques, et libraires ou cordonniers ne font qu'un. »

Il n'est pas rare de voir, au voisinage de la mosquée, l'écrivain public, assis à un coin dè rue, écrivant une lettre sous la dictée d'un artisan. La mosquée s'ouvre par six portes. La porte principale, ou *porte des Barbiers*, est surmontée de cette inscription : « On juge les actions selon les intentions, et à chaque homme selon ses intentions est départie sa récompense. » C'est le moment de se déchausser et de remplacer ses souliers par des pantoufles en paille. Dans un passage, des barbiers rasent la tête de leurs pratiques; au delà est la grande et belle cour antérieure de la mosquée, toute dallée de marbre. Là, près des citernes destinées aux ablutions obligatoires qu'on fait avant la prière, des garçons d'âge moyen sont accroupis derrière leurs grandes tablettes, et apprennent, sans jamais cesser de balancer le buste d'avant en arrière avec la régularité d'un pendule, les premiers éléments de la science musulmane. Pour rencontrer le premier étudiant réel, il faut pénétrer dans l'intérieur de la mosquée.

Ici, on se sent comme enveloppé par une vie d'un genre tout particulier. Dans une salle immense, dont le plafond est soutenu par 380 colonnes et ne supporte rien moins que 1,200 lampes suspendues, sur un plancher recouvert de nattes, et accroupis par groupes, une multitude innombrable de jeunes gens et d'hommes.

Les premiers se serrent en demi-cercle autour d'un cheikh, appuyé contre une colonne. C'est leur maître; leurs yeux sont attachés à ses lèvres, tandis qu'il interprète un des nombreux textes et commentaires qui forment la littérature du droit canon dans l'Islam. Il le fait avec l'espèce de mélopée propre à l'enseignement oriental, et que nous retrouverons à peu près la même chez les talmudistes juifs d'Europe. *S'établir contre la colonne* équivaut ici à ce qu'est

Fig. 28. — Écrivain public.

chez nous *ouvrir un cours*. Mais les maîtres les plus incontestés, les cheikhs les plus vénérables et les plus instruits ont le privilège d'occuper diverses sortes de chaires.

Aucun de ces professeurs ne traite un point de science isolé, en une suite de leçons. Cette méthode d'enseignement, poussée si loin chez nous, est étrangère aux Orientaux ; même les plus grands de leurs savants se contentent, depuis que le génie créateur s'est éteint entièrement chez eux, d'interpréter certains textes, de commenter des commentaires antérieurs ou même des commentaires de commentaires. Ils se nourrissent de la vieille littérature, et exercent leur sagacité sur elle. Le professeur récite sur le même ton texte et commentaire, introduit le premier par les mots : « L'auteur, que Dieu le bénisse, dit; » et le second par la formule : « L'interprète dit. » Çà et là, une question timide d'un élève interrompt l'exposition. Aux endroits difficiles, le professeur demande : « As-tu compris? » et reçoit d'ordinaire pour réponse : « Grâce à Dieu, j'ai saisi. »

Un cours dure d'une heure et demie à deux heures. On le termine d'habitude par les mots : « C'est jusqu'ici, et puisse Allah nous prêter l'intelligence! » Puis, les étudiants se lèvent, s'approchent un à un de leur maître, prennent congé de lui en lui baisant la main, et mettent leur cahier dans leur serviette. Dans l'intervalle des leçons, les étudiants s'entretiennent vivement, et se promènent de long en large dans les chambres de la mosquée, ou se tiennent en groupe, ou s'occupent avec les marchands et les visiteurs qui ont accès jusqu'à eux. Un porteur d'eau fait cliqueter ses tasses de métal et abreuve un étudiant altéré, mais pas seulement de science; un jeune érudit achète des victuailles; là-bas, un troisième cause avec sa mère. Soudain éclate la voix sonore du mouezzin, qui invite à faire la prière de midi. Tous se précipitent vers les citernes de la cour antérieure, pour pratiquer les ablutions prescrites, puis pour se laisser tomber dans la direction de la Kiblah, dans l'attitude de la prière.

Après la sieste de midi, les leçons recommencent, pour ne plus se terminer qu'à la prière du soir. Les étudiants font la dernière des cinq prières obligatoires dans leurs habitations, dont beaucoup se trouvent à l'intérieur de la mosquée même. Le vendredi, le travail est suspendu; mais, vers midi, on voit, dans la large salle à colonnes, des milliers de personnes prier et écouter la prédication, sous la conduite de l'Imam.

La mosquée est en général un lieu de prière, mais c'est en même temps le plus souvent une maison d'instruction. A coup sûr, ceux-là qui reprochent à l'Islam d'être défavorable à la science, ou ne le connaissent point, ou lui font tort, car la science est, dans la conception musulmane, partie intégrante de la foi et de la nature humaine, en ce qu'elle a de plus élevé. « Sont hommes, affirme un dicton de la tradition mahométane, ceux qui apprennent ou ceux qui savent. Tout ce qui ne rentre pas dans ces deux classes est vermine qui n'est bonne à rien. »

Aussi la fondation d'écoles est-elle toujours rattachée à la fondation de mosquées. Mais beaucoup de princes se sont approprié les fonds légués à ces institutions, donnant à ces rapines l'apparence du bon droit. C'est ainsi que beaucoup des écoles attachées aux mosquées du Caire ont dû disparaître. La mosquée El-Azhar a tiré à elle presque toute la vie scientifique qui, auparavant, était répartie entre beaucoup de mosquées. A côté d'elle, les autres écoles du Caire méritent à peine d'être citées, et dans quelle autre ville du monde y a-t-il une université où le nombre des professeurs dépasse 300, celui des élèves 10,000?

Ce que la Mecque et Médine sont pour les cérémonies du culte musulman, la mosquée El-Azhar l'est pour la science. Elle est fréquentée par des musulmans de toute langue et de tout pays : il n'y a province de l'Islam, depuis les côtes atlantiques du Maroc jusqu'aux îles de l'archipel indien, dont on n'y trouve des représentants. La mosquée ne pouvant contenir une telle masse d'étudiants, on fait beaucoup de cours dans d'autres temples voisins de l'académie d'El-Azhar. En dehors des fondations par legs, l'entretien des professeurs et des étudiants est assuré par des présents qui viennent des contrées dont la jeunesse fréquente ordinairement l'Université.

La surveillance des études incombe au muphti des pays du Nil, qui porte aussi le titre de *cheikh el-Gami*, recteur de la mosquée, et qui est bien l'homme le plus en évidence et le plus influent de toute la société musulmane au Caire. Cette place rapporte à ceux qui l'occupent un revenu annuel d'environ 45,000 francs et leur assure la jouissance d'un superbe palais arabe. On comprend aisément que l'Égyptien dise volontiers à son petit garçon, en manière de bénédiction : « Dieu te fasse un jour cheikh el-Gami! » Le traitement des professeurs est beaucoup moindre et leur entretien ne dépasse pas 500 piastres par mois (125 fr.). Ils y ajoutent le produit de beaucoup de travaux accessoires qu'ils font comme imans, prêcheurs, muphtis, employés d'administration; de plus, ils participent aux distributions de pain. La vie d'un professeur de troisième classe dans la première école supérieure de l'Islam n'en est pas moins une vie de misère.

Fig. 29. — Un collège dans la mosquée El-Azhar.

La vie des élèves est celle des collèges provinciaux. Les ailes et les dépendances de la mosquée renferment ce qu'on appelle les *riouaks* ou *camps*. Les étudiants y prennent quartier selon leur province d'origine; mais, comme les camps sont devenus trop étroits pour le nombre immense des auditeurs, ceux qui sont à l'aise vont au dehors de l'établissement et se procurent des logements dans le voisinage.

CHAPITRE IX.

LE CAIRE. — LA VIE DU PEUPLE.

Pour bien connaître une nation, il faut l'étudier pendant ses fêtes, en public et à la maison, dans ses joies et dans ses chagrins. Aussi conduirons-nous le lecteur dans une maison, puis dans les fêtes de famille, et les réjouissances publiques des Cairotes.

Entrons dans la maison d'un Arabe aisé, appartenant à la classe commerçante. Le côté qui donne sur la rue est simple et nu. A l'étage inférieur, aucune fenêtre, ou seulement de petites lucarnes fortement grillées; plus haut, les machrebiyehs. La porte, petite, est solidement fermée, et s'ouvre de manière à ne laisser voir qu'un passage insignifiant et la loge du portier : celui-ci est un homme déjà âgé, mais sur qui on peut compter, et qui demeure perpétuellement à l'entrée de la maison, même la nuit, sur sa couche de branches de palmier. On se précautionne avec soin contre tout regard jeté dans l'intérieur, car la maison de l'Arabe est son sanctuaire, qu'il garde jalousement, et si riche qu'en soit le dedans, le dehors doit avoir l'apparence aussi simple que possible. Cette mesure de prudence remonte, par son origine, jusqu'au temps des mamelouks : chacun devait alors éviter d'attirer l'œil sur soi et d'exciter l'avidité du maître tout-puissant.

Des figures en bois, des peintures, des sentences, des animaux empaillés, le plus souvent un crocodile entier, une fois même, dans le voisinage de l'hôtel du Nil, un petit éléphant, sont suspendus au-dessus de la porte, et éloignent des habitants les influences mauvaises. Il est rare que le couloir d'entrée aille en ligne droite, car personne ne doit, de la rue, apercevoir la cour. Entrons cependant.

La chambre où le maître de la maison vit et reçoit s'appelle la *mandara*. On n'entre pas sans s'être fait déchausser, car c'est un manque de savoir-vivre, particulier aux Européens, que salir le plancher propre des appartements avec la poussière de la rue. Le maître de la maison salue son visiteur en lui touchant de la main le front, la bouche et la poitrine.

La chambre où l'on entre est fraîche, spacieuse, et la niche sans fenêtre, qui s'ouvre à l'arrière-plan, est comme faite à plaisir pour une conversation confidentielle. La moitié du plancher est surbaissée, recouverte d'une belle mosaïque de marbres, et arrosée par la poussière d'eau qu'y répand, avec la fraîcheur, une fontaine jaillissante d'un travail élégant.

On se tient dans la partie haute de la salle; elle est chargée de tapis, des divans moelleux y invitent au repos. Le plafond est richement ornementé, les parois sont revêtues de plaques en faïence aux dessins bariolés; divers objets d'un fini charmant s'étalent sur des étagères finement découpées. Les chambres voisines sont d'autant moins hautes qu'elles sont surmontées d'un étage intermédiaire, réservé à la domesticité, et dont le plafond fait suite au plafond de la mandara.

L'entrée des chambres du harem est interdite, même aux amis les plus intimes. *Harem* signifiait, à l'origine, ce qui est défendu, ce qu'on ne saurait toucher, et, on l'a déjà remarqué, la maison est pour l'Oriental un vrai sanctuaire dans le vrai sens du mot. Quand on dit que le maître de la maison reste dans le harem, cela signifie que l'homme à qui l'on rend visite s'est retiré au sein de sa famille, dans cet asile où ne doit le suivre aucun des soucis ou des tourments inhérents aux affaires, où il peut se livrer tout entier et sans dérangement aux douceurs du repos et au bonheur calme de la vie domestique. Lorsqu'on a longtemps séjourné en Orient, on comprend quel est le sentiment qui a inspiré ce respect pour la sainteté de la maison, et combien il est nécessaire de l'éprouver. Ce lieu où les enfants viennent en bondissant saluer le père, où le mari trouve ses femmes, qui n'ont jamais part à ses soucis d'affaires, est le harem. Il est situé dans un des étages supérieurs, et la chambre principale, la *kaa*, est disposée de la même manière que le salon de réception; elle est même plus riche que celui-ci dans les maisons aisées. Si la maison donne sur une rue, des machrebiyehs à treillis permettent aux femmes de regarder, sans être vues, le mouvement du dehors. Des escaliers particuliers conduisent de la cour et des appartements du maître de la maison au harem.

Comment maintenant l'homme quitte-t-il les siens pour fonder une famille nouvelle? C'est ici le lieu de donner quelques détails sur le mariage.

En général, l'usage est dans ce pays, pour un jeune homme, de fonder un ménage dès qu'il sent la barbe lui pousser au menton et qu'il commence à gagner sa subsistance. Mais le choix d'une femme est moins facile que chez nous, où jeunes filles et jeunes gens entrent librement en relations. Le prétendant ne peut jamais voir sa future, tant qu'elle n'est que fiancée. Il doit, en toute circonstance, prendre le secours d'une entremetteuse, qu'on nomme *khatbeh*. Elle va en ambassadrice dans les familles qui ont des filles à marier; les prétextes ne lui manquent pas, quand bien même elle n'exerce pas, comme la plupart de ses semblables, un commerce d'objets de toilette. On pénètre bien vite le but de sa visite. Si la khatbeh pense avoir découvert quelque chose qui ferait l'affaire, elle communique au jeune homme le résultat de ses démarches. Alors la mère, la sœur, ou quelqu'une des proches parentes du candidat au mariage, cherche à se convaincre par ses yeux de la vérité des rapports. Si elle revient satisfaite, la khatbeh dévoile l'objet depuis longtemps deviné de sa visite, et demande formellement pour le jeune homme la main de la jeune fille. Les parents donnent leur consentement, sans longue réflexion, car ils auraient déjà évincé la courtière, s'ils avaient considéré ses propositions comme inconvenantes. On demande à peine l'avis de la fiancée; elle a bien le droit de dire non, mais il est rare qu'elle en use. Les fellahs et les ouvriers, dont les filles doivent mettre la main à l'ouvrage, et par conséquent ne peuvent pas être toujours voilées ou vivre dans la retraite, choisissent naturellement leur femme après l'avoir vue en personne.

Si les deux familles se sont entendues sur les points généraux, les négociations particulières commencent entre le

Fig. 30. — Salon de réception arabe, au Caire.

futur et le père ou le tuteur de la jeune fille. L'on traite avant tout du douaire. Le fiancé doit assurer à sa femme une certaine somme, dont il compte ordinairement les deux tiers d'avance, et dont il garde le reste en main, pour ne le livrer qu'en cas de séparation. Avec l'argent reçu, la famille de la fiancée fournit tout ou partie de la dot qu'elle apporte à son mari. Il n'y a donc pas vente de la fille par les parents; même la fortune de la femme est complètement libre et indépendante de celle du mari.

Lorsque le contrat est conclu, on choisit un jour pour la cérémonie du mariage. Le fiancé se rend avec deux de ses amis dans la maison de la fiancée. Le beau-père l'y attend avec deux témoins et un écrivain (*fiki*). D'ordinaire la société est grossie d'amis des deux familles, parmi lesquels il n'y a aucune femme. Après avoir récité le premier chapitre du Coran, le fiancé déclare la somme convenue pour le douaire. Il s'agenouille ensuite, ainsi que son beau-père, au milieu des assistants : ils sont sur un même tapis, l'un en face de l'autre, se saisissent réciproquement par la main droite, lèvent chacun le pouce, les pressent l'un contre l'autre. Le fiki étend un linge sur les deux mains enlacées; tandis qu'ils sont dans cette position, il leur adresse un petit discours consistant le plus souvent en quelques sentences du Coran, et leur fait prononcer la formule très simple du mariage. On prend ensuite un repas en commun; les témoins reçoivent un présent de la part de la fiancée, et le fiancé donne au fiki un mouchoir dans un coin duquel est nouée une pièce d'or. La fiancée est ensuite conduite au fiancé après toute sorte de cérémonies.

Il y a d'abord la *promenade du bain*. On la fait à pied, très lentement, au milieu des rues populeuses. Des musiciens arabes ouvrent la marche, avec de petits tambourins, des flûtes, une clarinette. Suivent les femmes mariées, semblables à des chauves-souris dans leurs longs manteaux de satin noir. Derrière elles, s'avancent les jeunes filles emmitouflées de blanc, et la fiancée elle-même marche à leur suite. Elle est emmaillotée si solidement et si soigneusement, dans un châle en cachemire rouge, qu'on peut à peine deviner comme un contour grossier de sa personne. Point d'ornements, si ce n'est une petite couronne d'or posée sur la tête. Deux parentes marchent avec dignité de chaque côté d'elle; moitié au-dessus d'elle, moitié derrière elle, plane un baldaquin d'étoffe rouge clair, porté sur quatre hampes, dont les pointes livrent au vent des banderoles brodées. De nouveaux musiciens ferment la procession. Ce convoi s'arrête de temps en temps, avec un plaisir particulier, pour donner un vrai régal d'oreilles aux habitants des rues par lesquelles il passe, puis finit par disparaître dans le bain. Le cortège retourne ensuite à la maison dans le même ordre qu'à l'aller, pour dîner en commun avec l'accompagnement obligé de musique et de chant. Le dernier plat enlevé, la fiancée saisit un morceau de pâte de henné, sur laquelle tous les hôtes appliquent une pièce d'or grande ou petite. Elle se fait enfin teindre en rouge, selon les règles de l'art, les ongles des mains et des pieds, puis congédie ses amies, qui se partagent entre elles le reste du henné.

La matinée du jour suivant est consacrée à la toilette. Vers le milieu de l'après-midi apparaissent les voitures et des chameaux. La portion du douaire qui n'avait pas été encore expédiée est chargée sur les chameaux. La fiancée et ses plus proches parentes montent dans une voiture, que recouvre un épais châle rouge; le reste de la compagnie, femmes et enfants, s'entassent, l'un sur l'autre, dans d'autres véhicules, et le cortège s'en va vers la maison du fiancé. Des musiciens escortent la fiancée, en soufflant des mélodies arabes dans des cuivres européens. Par intervalles, la grosse caisse lance au loin les éclats de son tonnerre, et les passants émerveillés s'exclament : *Allah!* En dépit des voitures et des trompettes, ces cuivres malencontreux, on n'a pas oublié d'inviter deux sortes de personnes qui appartiennent aux types du passé : les deux lutteurs à moitié nus et le porteur d'eau.

A chaque halte de la procession, le public afflue souvent au point de barrer le chemin aux piétons, et les lutteurs se livrent un combat fictif, dans lequel les muscles vigoureux de leur buste paraissent à leur avantage. Le *sakka* montre ses forces d'une autre manière. De grand matin, il a chargé sur son dos une outre remplie d'eau et de sable, et malgré les quintaux qu'elle pèse, il marche élégamment sous le faix, tantôt en avant, tantôt à reculons, change de pied, se tient parfois sur une jambe, parfois sur l'autre, ce qui n'est pas petite affaire avec le fardeau qu'il porte. Un troisième personnage de type différent, le jongleur, accompagne souvent le train des noces : il sait se tenir sur la tête, mais d'ordinaire marche face en avant ou à reculons, avec des expressions de visage dignes ou tragiques, sans cesser de manœuvrer, avec une adresse merveilleuse, la longue canne qu'il tient à la main, et de la faire frétiller et virer entre ses doigts.

Les dames et les chameaux chargés d'objets de ménage pénètrent dans la maison du fiancé. La partie de la rue sur laquelle elle donne est tendue d'ordinaire de toile à tente verte et rouge, où sont suspendues des lampes et des lanternes; sous ce toit improvisé, on a érigé de hautes banquettes en bois, pour les invités du sexe masculin, qu'on attend en grand nombre. Le fiancé est vêtu simplement et circule parmi les

Fig. 31. — Le porteur d'eau.

invités, saluant chacun, et tout entier aux devoirs d'un hôte aimable. Vers le coucher du soleil, on apporte le dîner, auquel la compagnie prend part par groupes.

Chacun des groupes s'accroupit sur le tapis, autour d'un grand plateau à thé rond, laqué de vert, monté sur un pied peu élevé, et allonge allègrement la main vers les plats disposés au milieu. Dès qu'on a assez de l'un d'eux, un autre le remplace. Devant chacun des convives est placé un pain; on en détache un morceau, dont on se sert, comme de cuiller, chaque fois qu'on s'attaque à un plat liquide. Dans le court intervalle des services, des salades vinaigrées viennent aiguiser de nouveau l'appétit. L'eau est la seule boisson; aussi trouve-t-on double plaisir à l'excellent café et aux cigarettes, sitôt que, selon l'usage oriental, on s'est lavé à fond le visage et les mains avec l'eau et le savon qu'on offre dans des vases de belle forme. Ce régal dure deux longues heures. Puis, lorsque la voix du mouezzin appelle les croyants à la prière du soir, le fiancé disparaît pour quelque temps; on allume des pots à feu et des torches, un certain nombre d'amis se tiennent prêts à accompagner le nouvel époux à la mosquée, où il doit prononcer la prière prescrite. La tournée de prières dure une heure environ.

Pendant ce temps, la fiancée, depuis qu'elle est entrée dans la maison de l'époux, est demeurée assise, muette et les yeux baissés : ainsi le veut la coutume. Successivement, les invités s'éloignent, sauf la *bellaneh* qui lui a servi depuis deux jours de camériste, la mère et la sœur. Celles-ci la quittent à leur tour, et lorsque la camériste a jeté un châle rouge sur la tête de la jeune fille, elle se retire et le fiancé entre. A ce moment seulement, il soulève le voile qui couvre le visage de la fiancée.

Mais passons à un sujet plus triste, aux cérémonies des

funérailles. Dès que le malade a rendu le dernier soupir, les femmes commencent à pousser d'une voix épouvantable le *oualouala*, la lamentation funèbre qui, résonnant au loin dans le calme de la nuit, annonce la triste nouvelle au voisinage. Tout en jetant des exclamations diverses : « O mon maître ! O mon manteau ! O mon chameau ! » elles s'arrachent les cheveux, et se battent la poitrine. Au contraire, les membres mâles de la famille, les fils, les serviteurs, font, avec sang-froid et gravité, les préparatifs nécessaires pour les funérailles. La coutume exige que les femmes orientales expriment leur chagrin de cette façon pitoyable : elle ne le ferait pas que ces êtres ardents et sans éducation ne seraient pas en état de modérer leurs transports. On exige de l'homme seul qu'il soit maître de lui-même; mais la chevelure de la femme est longue et son intelligence est courte, dit un proverbe oriental. Le mort est enveloppé d'un drap sur lequel on a soigneusement tendu des serviettes, et l'on marmotte auprès de lui des sentences pieuses. Les amis et connaissances commencent à arriver ; le cercle criard des femmes s'est élargi. Maintes têtes vénérables, coiffées du turban, entourent le lit du mort dans un chagrin calme, mais profond.

Un employé au département des successions arrive sur un âne et pénètre dans la maison. Chaque musulman devrait faire son testament avant de mourir ; mais le défunt, comme la plupart de ses coreligionnaires, a eu peur de cet acte de mauvais augure : il faut que l'autorité supérieure prenne en main le partage de l'héritage. On commence tout d'abord par détruire le sceau du défunt, qui équivaut à sa signature, après en avoir reporté plusieurs empreintes sur un grand registre, qui contient un court sommaire de l'état dans lequel le défunt a laissé ses affaires. C'est le moment pour les créanciers de se faire connaître, car l'usage régnant veut qu'on tienne compte avant tout des réclamations qui sont produites, tandis que le cadavre est encore sur terre. Aussi ceux qui se trouvaient en relations d'affaires avec la personne décédée et ses fournisseurs s'empressent-ils d'inscrire sur le registre leur nom et leur réclamation. La maison de deuil devient le théâtre de la discorde et du marchandage le plus odieux : de violentes querelles s'élèvent parfois entre quelques-uns des créanciers, et les grands éclats de voix qu'elle produit s'entendent jusque dans la rue. Le bruit est effroyable, car le hurlement des femmes ne s'est pas encore éteint.

Le cadavre enveloppé dans les linges, et recouvert d'un châle de cachemire rouge, est déposé dans la bière. C'est une simple caisse en bois, sans couvercle, un peu plus large sur le devant que par derrière, et fixée à deux bâtons formant brancard; la tête est portée en avant. Elle apparaît à la porte de la maison, et aussitôt le convoi se forme. Des enfants ouvrent la marche; l'un d'eux porte un Coran sur un support en bois de palmier recouvert d'étoffe, et les autres chantent. Des hommes suivent qui, de même que les chanteurs de l'ancienne Égypte, sont souvent choisis parmi les aveugles, et répètent indéfiniment, sur une mélopée monotone, la confession de foi de la religion musulmane. Sans ordre ni règle et entourés de gamins des rues, s'avancent ensuite les mâles de la famille, les amis et les connaissances du défunt. Immédiatement devant le cercueil, marchent

Fig. 32. — Convoi funèbre.

quatre jeunes gens, ceints sur la hanche d'écharpes en soie multicolore, et portant à la main des vases remplis d'eau de rose et des encensoirs, dont ils arrosent et parfument l'escorte du défunt. Derrière la bière, la foule des femmes, vêtues de bleu. Comme jadis les femmes de l'ancienne Égypte, elles se sont couvert le front et la gorge de poussière, et leurs cris et plaintes semblent devenir toujours plus forts.

Tout ce convoi mélangé, bruyant, ne va nullement avec la lenteur solennelle qu'on déploie chez les Européens en pareille circonstance : il traverse les rues au pas de course. Il se rend d'abord à la mosquée, où l'on récite les prières des morts. La cérémonie entière occupe peu de temps. Le convoi se rejette de nouveau dans le tourbillon des rues, et se fraye un chemin jusqu'au cimetière, qui est situé dans le désert. Le fossoyeur y a déjà préparé la tombe, un petit caveau voûté, construit en briques et recouvert de terre, dirigé du nord au sud. Une courte prière, et le cadavre, enveloppé de ses linceuls, est tiré de la bière, puis introduit par l'ouverture, qui se trouve à l'extrémité nord de la fosse, la tête tournée au sud, c'est-à-dire vers la Mecque. L'ouverture est bouchée avec des pierres et du sable.

Sur la terre fraîchement comblée, on paye les fikis, les porteurs, les pleureuses, et on distribue aux pauvres du pain, des dattes, de la graisse. Les gens qui avaient suivi le corps rentrent isolément à la ville. Les lamentations et les cris retentissent encore longtemps dans la maison, car, les trois premiers soirs, les amis s'y rassemblent et restent assis, l'un à côté de l'autre, sans bouger, pour songer au mort, dans la prière et dans la lecture du Coran. Chaque jeudi qui suivra, jusqu'au quarantième jour, les voisines et amies de la famille se réuniront dans la maison en deuil, pour y élever leur concert de lamentations; et le vendredi au matin, les survivants se rendent au cimetière, y déposent des palmes ou des roseaux sur la pierre, et font des distributions aux pauvres.

Les musulmans croient qu'immédiatement après la mort l'âme humaine est amenée à Dieu ou dans l'enfer, par les anges destinés à cette fonction, et prend là comme un avant-goût du sort qui l'attend; elle revient ensuite dans la tombe, et, s'insinuant sous le linceul, se pose sur la poitrine du cadavre. Elle entend tout ce qui lui est dit; et l'on peut, par conséquent, la prévenir de ce qui va se passer. Les deux anges de la mort, Mounkar et Nekir, apparaissent bientôt après. Ce sont deux spectres noirs, aux dents terribles, aux longs cheveux traînant jusqu'à terre, à l'œil étincelant, à la voix de tonnerre, et qui tiennent à la main d'énormes barres de fer. Quand l'âme, qu'on pense être de la taille d'une abeille, — celle des impies est plus volumineuse, à cause de la grossièreté de la substance, — les a aperçus, elle se glisse dans le nez du cadavre : celui-ci se ranime et se dresse, pour subir l'interrogatoire qui va commencer. S'il s'en tire à son honneur, sa tombe s'élargit et devient agréable; on lui laisse jeter un coup d'œil sur le paradis et ses joies; il oublie le temps, et le temps qui le sépare du dernier jour tombe pour lui comme un instant. S'il ne peut répondre aux cinq questions du juge, ils le frappent si fort, avec leurs verges de fer, qu'il s'enfonce jusque dans le septième dessous de la terre; mais la terre le rejette dans sa tombe, et sept fois de suite, il subit la même torture. L'imagination des Orientaux s'est complue à ces choses, et leur a inspiré nombre d'écrits où les destinées de l'âme sont

Fig. 33. — Balançoire égyptienne.

dépeintes, souvent de manière complètement contradictoire.

Après ces cérémonies d'ordre privé, nous consacrerons quelques détails aux cérémonies publiques et religieuses. L'une des plus importantes est l'anniversaire de la naissance du Prophète. Aucune autre n'excite autant d'ardeur, autant d'enthousiasme ou de gaieté. Là-bas, hors de la ville, sur la droite du chemin de Boulaq, on commence à entourer un grand espace libre de ces tentes superbes que les Orientaux sont passés maîtres dans l'art d'élever. Au milieu de la place, on plante de hauts mâts, reliés les uns aux autres et avec le sol, par des cordes, et on y suspend des milliers de lampes. Par devant, on aperçoit les armatures aux formes fantastiques, préparées pour le feu d'artifice qui doit rehausser gravement l'éclat de la fête. Dans les rues, les boutiques s'élèvent rapidement. Confiseurs, cuisiniers, cafetiers, marchands de sorbets, bateleurs, charmeurs de serpents, athlètes, possesseurs d'escarpolettes et de chevaux de bois, s'efforcent à l'envi de se procurer une bonne place, stimulés par l'expectative d'un fort gain, dès que la nuit de fête aura commencé, et que des bandes joyeuses se mettront à courir la ville avec des pots à feu, et à chanter, en se relayant, les louanges du Prophète.

Des boutiques éclatantes de lumière resplendissent des deux côtés de la rue. De toutes parts, des gens avec des cruches et des corbeilles de fruits vendent des rafraîchissements. Dans une tente, rayée rouge et noir, on distribue du café, et les consommateurs écoutent un conteur. Ici, un boulanger tire de son petit four de jolis gâteaux bien dorés. Un artiste, quelque peu cousin de nos confiseurs, se tient devant un tréteau élevé, qui supporte un plateau de bois rond, au centre duquel brille une puissante lanterne d'écurie. Tout autour, les excellents puddings durcis, incrustés d'amandes, sont groupés si joliment que leur aspect doit agir de la manière la plus attrayante sur les yeux et le palais des Arabes.

De l'autre côté de la rue, arrive un carillon aigu de sonnettes. Les enfants, les grands comme les petits, s'amusent, ici sur les chevaux de bois, là sur l'escarpolette. Plus loin, l'endroit où doit être tiré le feu d'artifice est un cercle de belles tentes, illuminé de lampes sans nombre; sur le côté, sont les tentes de la police, du gouvernement, des ministères et du vice-roi; sur l'arrière-plan, celle des particuliers et des communautés religieuses. Chacune de ces dernières est pleine de dévots. Ils sont rangés, en grand cercle, autour d'un lecteur qui leur récite l'histoire de la naissance du prophète Mohammed. Ils prennent eux-mêmes une part active à la cérémonie en répétant incessamment le nom de Dieu et des formules d'éloge pour Mahomet.

Le Coran prescrit de mentionner perpétuellement Dieu, de même que l'apôtre Paul exhorte les fidèles à prier sans relâche. Les uns ont compris cette *mention*, comme la simple obligation d'avoir Dieu toujours présent à la pensée; selon les autres, — et c'est le plus grand nombre, — elle comporte la répétition à haute voix du nom d'Allah. C'est ainsi qu'on en vint à concevoir l'exercice du *zikr*, l'expression est tirée du Coran. Aujourd'hui encore, les musulmans instruits et d'un tour d'esprit sérieux disent que, pour accomplir l'ordre de Dieu, il suffit de répéter lentement et longuement le mot *Allah*, mais qu'on doit éviter, comme une innovation perverse, toutes ces contorsions et tous ces balancements cadencés avec accompagnement de musique. Au début, l'homme pieux était celui qui *mentionnait* Dieu, c'est-à-dire dont les pensées étaient sans cesse occupées du Très-Haut. Mais la formation de nombreuses sociétés et de nombreux ordres religieux produisit bientôt la mention commune du nom de Dieu; et comme les Orientaux se plaisent, par-dessus tout, à donner plus de force et d'animation à leur esprit par le balancement du buste, la tenue, qui d'abord était calme, s'anima bientôt de mouvements plus ou moins violents. Le développement du mysticisme musulman fut favorable à ces errements; d'après les doctrines qu'il préconise, on doit chercher à s'abîmer entièrement dans la Divinité, se revêtir d'elle, oublier tous les sens et en arriver à ne plus sentir et penser qu'une seule chose : Allah !

Les contorsions et les balancements prolongés sans mesure fournissent un moyen bien approprié au but qu'il s'agit d'atteindre : ils étourdissent l'esprit, produisent le vertige, des états nerveux et jusqu'à des crampes. Quand un des croyants qui participent au zikr s'affaisse, l'écume à la bouche, au milieu de convulsions violentes, on dit avec admiration qu'il est *melbou*, revêtu de Dieu. Ces exercices se font aujourd'hui partout et en toute circonstance, et ont pris même le caractère de réjouissances populaires. Au bout d'un quart d'heure de cet exercice, toutes les forces physiques sont anéanties. Le membre qui se retire est remplacé aussitôt par un nouveau membre, et ces changements perpétuent le cercle du zikr. Maintes fois aussi, des femmes se mêlent à l'exercice. Les derviches, après un zikr désordonné, exécutent d'autres extravagances répugnantes, comme de se percer les joues et de rester en extase, de dévorer des scorpions et des bêtes dégoûtantes ou venimeuses.

Fig. 34. — La *dosch* ou la chevauchée, au Caire.

Douze nuits durant, ce spectacle se reproduit, plus splendide à chaque fois, plus goûté de la foule, plus longuement savouré. Les marchands dans les bazars ferment leurs bazars de meilleure heure qu'à l'ordinaire. Les dames du harem elles-mêmes paraissent à la fête, dans leurs voitures fermées, escortées d'eunuques. Une des dernières nuits, vers minuit, une procession aux flambeaux, splendidement organisée, remplit la rue de Boulaq. Le dernier feu d'artifice est le plus brillant de tous : le Caire entier est sur pied, et la foule est impénétrable; les tentes regorgent de monde, et dans quelques-unes d'entre elles, à l'écart, on se livre avec une ardeur particulière aux beaux rêves que suscite la fumée du hâchich. Chacun veut marquer la joie que lui fait éprouver la mission de Mohammed et s'assurer par là de son intercession auprès de Dieu.

Le matin qui suit fournit un épilogue remarquable à ces scènes de fête, la *doseh* ou *chevauchée*. C'est un résultat de la superstition qui s'est développée chez les Cairotes et contre laquelle tous les autres partisans de l'Islam s'élèvent avec force. D'après une légende, un cheikh de l'ordre des derviches, Sadiyah, chevaucha un jour, — on ne sait pourquoi, — de la citadelle du Caire jusqu'à sa maison qui était assez éloignée, sur des morceaux de verre, sans en casser aucun. De là vint que les chefs de la secte ont eu le privilège de passer impunément à cheval, non seulement sur des morceaux de verre, mais sur des corps d'hommes, sans que ceux-ci en éprouvent le moindre dommage. La superstition populaire se prête volontiers à ce sacrifice, car, chacun de ceux que le sabot du cheval a touchés, se croit pardonné expressément, par suite du miracle qui s'est accompli sur lui.

Le cheikh des Sadiyahs passe la nuit en jeûne et en oraisons pour se rendre digne d'accomplir le miracle. Quand il a terminé sa prière de midi, il monte sur son cheval blanc. La longue *voie douloureuse* s'est tapissée de corps humains. On les fait serrer le plus possible les uns contre les autres, de manière que les pieds du cheval ne puissent pas glisser sur les côtes et produire des lésions graves. Un derviche précède le cortège en criant : « Prononcez le nom de Dieu, vous tous, les croyants! » Dans le lointain pointe une forme de cavalier. L'homme qui est en selle se voit obligé de faire halte une minute, car le cheval refuse de marcher sur ces corps humains, mais bientôt à force de piquer la bête et de la tirer par la bride, elle surmonte sa répugnance. Le cheikh se laisse aller plus qu'il ne se tient en selle; ses traits expriment l'extase. Ajoutons que les sabots du cheval ne sont pas ferrés. A peine le miracle accompli, on s'empresse de relever les malheureux étendus presque sans connaissance : il faut employer la force pour les dresser debout. Les visages sont mouillés de pleurs, agités d'un tremblement nerveux, couverts d'une pâleur cadavérique, état dû aux veilles nocturnes, à la fatigue, à l'émotion du péril et à l'état d'extase.

Des cinq devoirs qu'impose la loi religieuse des musulmans et qu'on a nommés *les colonnes de l'Islam*, deux, le jeûne et la prière, sont encore aujourd'hui au nombre des obligations auxquelles ne peut se soustraire aucun bon musulman. Un mois entier est consacré au jeûne, le plus saint et le plus vénéré des mois de l'année musulmane, celui de

Fig. 35. — Le *mosahler* ou messager du matin.

ramadan. Dès avant qu'il apparaisse, se présentent des fêtes importantes, par exemple, au milieu du mois de chaaban, la redoutable nuit où sont pesées et réglées les destinées des hommes, où Dieu retranche les feuilles flétries des feuilles vertes sur l'arbre de l'humanité, où les croyants veillent dans l'épouvante et la prière. Nombre de musulmans commencent déjà à jeûner en ce mois, et ce n'est pas sans émotion qu'on voit venir le mois béni. Le pécheur doit réparer ses méfaits par une stricte observation du jeûne. Bien que le Ramadan tombe souvent au moment le plus chaud de l'été, la loi porte qu'on s'abstiendra de toute nourriture et de toute boisson depuis le lever jusqu'au coucher du soleil. Rien, pas même une bouchée pour apaiser la faim qui vous tourmente, pas même une goutte d'eau pour mouiller des lèvres brûlantes : l'usage même de la cigarette chérie est prohibé, car l'Arabe *boit* la fumée. Celui-là seul qui est malade, en voyage ou en campagne, est dispensé de ce devoir, mais à la condition de réparer cette infraction à la première occasion favorable.

Le dernier jour du mois de chaaban tire-t-il à sa fin, qu'on attend avec anxiété la première nuit du Ramadan. Une procession solennelle emporte de la maison du cadi la déclaration qui annonce aux fidèles que le mois de jeûne a commencé : elle ne peut cependant pas être délivrée avant que le croissant pâli de la lune nouvelle ait été aperçu par un homme au moins. Aussi envoie-t-on, dans le cours de l'après-midi, quelques personnes sur le Mokattam, pour signaler à temps, de cette hauteur, l'apparition du mince arc d'argent à travers l'air pur du désert. Lorsque la lune a été aperçue et le signal convenu exécuté, on tire le canon dans la citadelle; la procession se divise en plusieurs sections, qui parcourent la ville dans toutes les directions, musique en tête, et répètent aux passants, sans se lasser : « Jeûnez, jeûnez, vous qui êtes les sectateurs du meilleur des hommes ! » C'est alors que se produit une sorte d'exaltation inquiète et d'une nature particulière : elle saisit tous les Arabes, pendant la durée du Ramadan, et s'explique aisément, si l'on songe que chacun cherche à racheter les privations de tout le jour, par une nuit entière passée à banqueter largement en joyeuse compagnie.

Les rues les plus animées sont éclairées *a giorno*. Des lampes, visibles de loin, sont accrochées aux galeries des minarets, et les luminaires de la mosquée située dans la citadelle brillent, comme des étoiles, sur le Caire étendu à leurs pieds. Les cafés peuvent à peine contenir la foule des consommateurs qui fument et bavardent, et les dévots se pressent dans les mosquées autour du lecteur. Des tables sont préparées dans la maison des riches et des grands, pour les hôtes qui s'y rassemblent en nombre considérable ; dans une autre chambre, on lit le Coran ou on récite un zikr. Chacun est gai et bavard comme à l'ordinaire ; sans souci des heures qui s'écoulent, on ne songe ni au repos ni au sommeil. Mais le bruit d'un petit tambourin résonne au dehors, la lueur de deux torches tombe à travers la porte entr'ouverte : c'est le *mosahler*, le messager du matin qui, d'année en année, fait sa ronde dans chaque quartier de la ville et annonce l'approche du lever du soleil. Il vient cette fois, souhaiter aux habitants de la maison le bonheur et la bénédiction, et pour lui un riche *bakhchich* (pourboire) à la fin du mois. Les heures continuent à s'enfuir ; du haut des minarets retentit l'appel qui avertit les fidèles, une bonne heure avant le commencement du jeûne, d'avoir à se fortifier de nourriture et de boisson pour la longue journée. Enfin, le mosahler reparaît, cette fois, pour annoncer l'approche du matin.

Les étoiles commencent à pâlir, quand des mosquées part cet appel : « Cessez, le jeûne commence. » Que faire désormais, si ce n'est se mettre au lit, et regagner, par un long sommeil, le repos perdu pendant la nuit? C'est à quoi l'on se résout en effet, et une fois levé pour la prière de midi, on ne se sent nullement disposé au travail par les dissipations de la nuit. La faim, la soif, la privation de tabac se font sentir, puis la mauvaise humeur; aussi il n'y a jamais plus de voies de fait que pendant le mois béni de ramadan. Avant que le soleil soit sur l'horizon, on ferme la boutique, on quitte le bureau, pour aller rouler les cigarettes et préparer la cruche d'eau. Partout on voit des gens, une cigarette non allumée à la main, en arrêt devant les gargotes, les cafés, les fontaines publiques. On attend avec impatience le moment où Dieu relèvera de la lourde obligation du jeûne. Le canon libérateur de la citadelle résonne enfin et annonce le coucher du soleil; un *ah!* de soulagement s'échappe de toutes les poitrines. On porte rapidement la gourde à la bouche, et, une demi-minute plus tard, des milliers de pipes et de cigarettes brûlent à l'envi et on fait l'assaut des cafés et des magasins de comestibles.

Trente jours et trente nuits s'écoulent ainsi, pendant lesquels on n'entreprend point de travaux sérieux. Le canon du coucher du soleil annonce la fermeture du Ramadan : les mosquées s'illuminent et se remplissent de dévots en prières.

Fig. 36. — Réunion des pèlerins de la Mecque.

De même que notre jour de l'an, la matinée du jour suivant est consacrée aux visites, souvent même à la visite des morts au cimetière, aux réceptions, et c'est l'époque de l'année où, dans les familles, on fait des cadeaux aux enfants et aux serviteurs.

Une autre occasion de fêtes et de cérémonies se rattachant au culte, c'est le départ et le retour des pèlerins de la Mecque. Dans les historiens arabes, il est question d'une femme belle et intelligente, *Chagaret-el-Dour*, l'arbre aux perles, qui, au commencement de la domination mamelouke, devint sultane après la mort de son mari et régna quatre-vingts jours sans opposition, jusqu'au moment où, par un nouveau mariage, elle donna sa main et le trône à l'émir Eibek et rentra dans le calme du harem. C'est à elle que les Cairotes doivent une de leurs fêtes les plus importantes aujourd'hui encore, celle du *makhmal*, ou de la litière. Elle partit en pèlerinage pour la Mecque, dans une chaise splendide portée par des chameaux; plus tard, les maîtres de l'Égypte envoyèrent, chaque année, en signe de leur dignité royale, une litière, avec la grande caravane qui se rend aux lieux saints. Le makhmal est accompagné du tapis que le khédive envoie tous les ans à la Caaba, aux lieu et place du sultan ottoman. Les fêtes célébrées au départ de ces deux objets, et celles qui ont trait au départ de la caravane, se suivent sans interruption.

La fabrication du tapis se fait dans la citadelle. On le transporte ensuite dans la mosquée d'Housséin pour le coudre et le doubler dans un lieu consacré; ce transport est une occasion de fête, d'autant mieux justifiée que personne ne le verra plus, à moins d'aller ensuite lui rendre visite à la Mecque même. Au moment où passe le riche présent de la piété royale, la foule, et surtout les femmes, poussent des cris de joie; ils redoublent quand apparaissent, l'un après l'autre, les quatre morceaux de la tenture qui forme comme une ceinture à la Caaba, avec leurs versets du Coran en or, et leurs ornements de soie d'une richesse extraordinaire. Ils sont portés par plusieurs hommes, sur des brancards de bois. Les ouvriers qui ont pris part à la fabrication du tapis suivent le cortège.

Tandis que, dans la mosquée d'Housséin, on se hâte d'assembler, de coudre et de doubler, la caravane des pèlerins se réunit sur la place au-dessous de la citadelle. A la fin du mois de chaoual, tout est prêt pour le voyage : le tapis est terminé et empaqueté, les pèlerins ont inscrit leur nom sur le registre ouvert par le chef du convoi. Le matin du grand jour, le Caire entier est sur pied de bonne heure. Les rues qui mènent de la citadelle au Bab-en-Nasr fourmillent de monde, les magasins sont fermés; dans tous les endroits où doit passer le cortège, aux fenêtres des fontaines publiques, des mosquées, des maisons particulières, têtes sur têtes se montrent entassées. Un grand nombre de femmes sont mêlées aux curieux, et, par chaque ouverture des machrébiyehs, s'échappe l'éclair d'un œil noir. Partout règne un esprit de fête et de joie. On se renvoie l'un à l'autre le salut : « Puisses-tu te bien porter toujours; » à quoi répond simplement un : « Et toi de même. » L'amour des spectacles et la curiosité naturelle aux Cairotes sont, ce jour-là, avivés et sanctifiés par des sentiments pieux, car, chose digne de remarque, le makhmal, qui n'est qu'un symbole de royauté et n'a point une origine religieuse, est entouré chez les musulmans d'un respect tout particulier. Il a fait si souvent le pèlerinage obligatoire qu'il en est passé à l'état de

Fig. 37. — Gens qui attendent le retour des pèlerins, près de Suez, sur les côtes de la mer Rouge.

véritable relique, dont l'attouchement, ou simplement la vue, est, à elle seule, une bénédiction. Aujourd'hui, il clôt la procession, dont il est l'objet le plus important.

La procession est ouverte par des soldats, par des trompettes montés sur de grands chameaux à la mine orgueilleuse, et par tout un escadron de bêtes de somme qui portent le bagage nécessaire aux pèlerins, des outres d'eau, des tentes et le reste, en même temps que le tapis soigneusement roulé et emballé. Sur l'un des chameaux se trouve la caisse des pèlerins, recouverte d'une étoffe rouge; elle sert à défrayer les dépenses générales de la caravane, qui sont à la charge de l'État. La procession défile par groupes. Durant les intervalles, les porteurs d'eau et les marchands de sorbets vendent des rafraîchissements; des athlètes et des bretteurs, revêtus de courtes chausses en cuir, se livrent à des combats singuliers pour distraire la foule. Les derviches, classés par secte, s'approchent aux sons du tambour et du fifre, récitent le zikr, agités, émus, et enflamment la foule par leurs cris et leurs gestes. La foule pousse des clameurs de plus en plus fortes, car, balancée entre deux chameaux marchant l'un derrière l'autre, apparaît la litière du *prince du pèlerinage :* c'est un employé auquel le gouvernement a confié le soin de diriger toute l'expédition. Vient ensuite le *conducteur des pèlerins*, qui marche en tête de la caravane dans le désert et lui montre le chemin; derrière lui, une troupe mêlée d'officiers, de derviches, de bourgeois et de gens chargés d'amuser le peuple. A l'exemple des chameaux, les chevaux et les ânes sont peints, en signe de fête, et parés de petits drapeaux ou de rameaux verts.

Puis viennent des régiments d'infanterie et de cavalerie, destinés à protéger la partie la plus importante de la procession. Leurs uniformes élégants, leurs armes neuves et brillantes, produisent extérieurement un excellent effet. Le chef de police les suit, entouré de cavas à cheval, puis derrière ceux-ci, s'avancent, en files interminables, fanions en tête, les différents ordres de derviches, reconnaissables à la couleur de leur turban, les corporations avec leurs emblèmes et leurs drapeaux. Les troupes se succèdent en grand nombre, enfin à un moment on entend de tous côtés les cris : le makhmal, le makhmal! C'est la litière qui approche, balancée lentement sur le dos d'un chameau. C'est à qui la touchera avec des mouchoirs qu'on descend des fenêtres. Tout cela pour une simple litière vide, de vieux modèle, pour une boîte carrée au toit oblique, tendue d'étoffe criarde, et dont les côtés sont brodés de sentences du Coran.

Au retour de la caravane, ce sont de nouvelles fêtes. Quand on apprend qu'elle est arrivée au lac des Pèlerins, à quatre heures à peine du Caire, de longues troupes d'hommes, accompagnées de musique cette fois encore, se rendent, avec des vivres et des vêtements neufs, au-devant de leurs parents, dont un long voyage a sûrement abîmé les habits. Ils rencontrent la caravane à mi-chemin, et c'est un brouhaha d'appels et de cris, une agitation sans fin. Mais plus d'un ne revient pas; ce sont des lamentations et des pleurs. Les tambours et les clarinettes couvrent les plaintes, tandis que le cortège continue sa marche en avant, pour ne faire halte qu'aux portes de la ville. Là, une fois encore, la caravane campe avant le déclin du soleil; des milliers de visiteurs sortent et affluent autour des tentes, et là encore, à côté de bien des pleurs de joie, on voit verser des larmes de douleur sans nombre.

Beaucoup de gens riches se rendent, par le chemin de fer et le bateau à vapeur, à Djeddah, port de la Mecque. Pour affronter les périls et les fatigues du voyage sur terre, il faut être pauvre ou dévot, et craindre de diminuer les mérites du pèlerinage par une dérogation aux vieilles coutumes, ou bien avoir peur d'une traversée en mer. Non seulement le cultivateur aisé, mais le fellah indigent aime emmener avec soi, sur le dos de ses chameaux, avec son bagage et ses provisions, son harem complet, mère, femmes, enfants. Tous les pèlerins, mendiants ou propriétaires fonciers, ont ceci de commun l'un avec l'autre : ils sont très fiers de leur visite aux lieux saints, et ne sont pas fâchés qu'on joigne à leur nom le titre honorifique de *hadgi*, auquel leur donne droit le pèlerinage.

CHAPITRE X.

LA HAUTE-ÉGYPTE.

Trois moyens de transport différents s'offrent au voyageur qui désire contempler les monuments de la brillante époque pharaonique, visiter les plaines étendues le long du lit unique du Nil, avec leurs champs féconds, leurs bourgs et leurs villes d'aspect si particulier, franchir, près de la Syène antique, les passes de granit, à travers lesquelles le fleuve fraye à ses eaux tourbillonnantes l'entrée de l'Égypte propre. Si l'on souhaite pousser jusqu'à la seconde cataracte, à moins de deux degrés au sud du tropique, il faut absolument prendre le troisième moyen auquel nous accordons la préférence sur les deux autres.

Le simple touriste, qui ne voyage que pour avoir vu et pour remporter chez lui des impressions d'ensemble, choisit le bateau à vapeur qui, en trois courtes semaines, le conduit avec tout le confort désirable du Caire à Philæ. On le mènera, de curiosité en curiosité, en nombreuse compagnie, selon un programme déterminé, et il atteindra son but avec la moindre dépense de temps et d'argent.

Aujourd'hui, d'autres voyageurs vont en chemin de fer jusqu'à Sioût de la Haute-Égypte, se rendent de là à Thèbes, sur un âne ou en bateau, logent à l'hôtel qu'on a récemment ouvert dans cette ville, et reviennent par le bateau à vapeur. Quand on aime à voyager avec la liberté de mouvements la plus complète, et avec la possibilité de s'arrêter où bon vous semble, on emploie un de ces bateaux du Nil qu'on nomme *dahabiyehs;* ils sont à l'ancre dans le port de Boulaq et attendent qu'on les loue. Si l'on ne sait pas l'arabe, on doit se faire guider par un drogman. On trouve parmi les drogmans d'honnêtes gens, qui savent plusieurs langues, l'anglais, le français, l'allemand, et s'entendent à deviner et à procurer tout ce dont l'Européen, habitué à ses aises, l'Anglais surtout, a besoin pour se sentir matériellement confortable.

Les drogmans les moins occupés vont rendre visite aux voyageurs dans les hôtels; les drogmans éprouvés attendent que l'étranger les appelle, sur la recommandation de quelque ancienne pratique, d'un consul ou d'un patron d'hôtel; il va de soi que, dans leurs rapports avec les Européens, ils sont, comme tous les Orientaux, toujours préoccupés de leur propre avantage; mais ils ne se rendent jamais coupables de véritables indélicatesses, et la crainte de recevoir un mauvais certificat, ou même d'être chassés de la corporation, refrène leur avidité et aiguillonne leur zèle. Celui qui trouvera un drogman habile, qui fait avec lui un bon contrat, et lui prouve, au préalable que lui, le voyageur, veut être le maître, avouera volontiers, au moment de quitter la dahabiyeh, qu'il aurait rencontré difficilement en Europe un courrier plus circonspect et plus adroit que n'était son compagnon de voyage sur le Nil. Celui-ci ne sait ni lire ni écrire et a, d'ordinaire, grandi dans l'indigence; il s'entend, cependant, à se conduire avec politesse et avec tact dans les rapports qu'il a, comme drogman, avec les gens distingués de sa propre nation. Il n'est pas prudent de laisser le soin au drogman de louer la dahabiyeh. Lorsqu'on a une connaissance au courant des affaires du Caire, on doit visiter avec elle un des nombreux bateaux à l'ancre dans le port de Boulaq, et faire en personne avec le capitaine un contrat passé au consulat.

Avant le départ, on va faire les emplettes nécessaires aux boutiques du Mouski. Cette rue est la plus animée et la plus peuplée de types divers qu'il y ait au monde. L'Européen, qu'un vent d'aventure a jeté dans ce tourbillon humain toujours en mouvement, a quelque peine à saisir et à comprendre les parties isolées qui forment cet ensemble étourdissant. Le Mouski a été mille fois décrit. L'impression qu'y reçoit le nouvel arrivé a été décrite par Bogumil Goltz avec une vivacité incomparable. Il faut entendre les paroles de Goltz pour l'estimer à sa juste valeur.

« Le hasard, dit-il, qui est passablement de mes amis, m'avait favorisé dans ma visite du Caire. J'avais étudié les maisons durant les heures tranquilles du matin et dans les rues moins fréquentées, et, à peine entré dans la rue principale qui mène, à travers de nombreux détours, du Mouski à la citadelle, — on dit que Napoléon y passa dans un phaéton attelé de six étalons blancs, ce qu'on doit classer probablement au nombre de ses exploits légendaires, — je me trouvai en plein carnaval, dans un chassé-croisé d'animaux et d'hommes, qui bruit comme la mer et rappelle le déluge, dans un courant au-dessus duquel les chameaux seuls élevaient leurs longs cous fabuleux d'autruche, balancés d'avant en arrière; et leurs têtes allongées horizontalement, qui semblent nager devant eux comme des remorqueurs. Et de même que le mouvement de ces vaisseaux du désert, massif et régulier à l'égal du mouvement d'une machine, fendait la mosaïque humaine aux mille voix, de même leurs soupirs, mélange de pleurnichements, de beuglements et de gémissements, qui semble former une gamme dont le cri déchirant de l'âme est la plus haute note, fend les vagues de l'air. Sur les boulevards de Paris et sur le pont de Londres, je n'avais vu que l'ombre, à Alexandrie, que le prélude d'une confusion babylonienne; le carnaval de Rome ou celui de Venise ne sont auprès de celui-là qu'une plaisanterie. Ici toutefois, il y va de la vie pour chacun sans exception, mais principalement pour le nouveau venu trop curieux. Ici, l'on devrait avoir des yeux par devant et par derrière, et la force de poussée d'un chameau de charge pour se tirer d'affaire dans maint accident invraisemblable. Ici, il faut avoir « toutes ses activités conscientes bien en main », ou bien un portefaix lancé au trot vous culbute dans son zèle aveugle, ou bien un dromadaire chargé de moellons, de charbon, de bois à bâtir, et qui s'en va droit devant lui, cahotant au hasard, vous couche à terre; ou bien, si l'on est sur un âne, d'autres bonnes gens qui, juchés sur des ânes, tournent brusquement un coin ou galopent à côté de vous, vous déboitent la rotule, ou se livrent amicalement sur votre squelette à d'autres démonstrations ostéologiques du même genre, qui dépassent de beaucoup les bornes de la plaisanterie. »

Mieux vaut observer cette foule de la fenêtre d'une maison, on court moins de risques. Que voit-on alors passer à ses pieds? Dès le lever du soleil, des enfants bédouins se

Fig. 38. — Type de drogman.

montrent avec leurs chèvres, qu'ils traient dans la rue encore déserte à même les pots des pratiques, en criant à pleine bouche : Lait! lait! Le marchand de thé, d'ordinaire un Persan, porteur de tout un appareil en laiton d'une propreté appétissante, le suit pas à pas. Le boulanger n'est guère moins matineux, avec ses pains de dourah plats, ronds, d'un gris noir. Des ouvriers et des artisans lui font gagner quelques paras, et ceux d'entre eux qui en ont les moyens se rabattent sur un cuisinier ambulant, chez lequel ils trouvent des navets cuits, des fèves bouillies, des concombres confits, des boulettes de viande, des œufs durs et autres mets analogues. Pour parfumer ce repas, on mord hardiment à même une botte d'ail. Cependant, les boutiques s'ouvrent, la devanture des cafés se garnit de bancs en bois de palmier : les premiers individus bien habillés, ou, comme on dit, les *effendis*, qui paraissent, sont des scribes attachés aux administrations publiques, des caissiers, des commis coptes qui vont à leur bureau ou à leur comptoir. De jeunes décrotteurs à brosses et tréteaux en bois leur offrent leurs services, et regardent avec dédain les pieds nus du porteur d'eau qui, lui aussi, est un des habitués matineux du Mouski. Dès que le soleil monte et que la soif s'en mêle, ses affaires prospèrent, et celles des nombreux commerçants qui débitent à grands cris de la limonade, des sirops de fruits, des eaux de raisin sec, de l'eau sucrée, de l'eau de réglisse ou de rose, des infusions de caroubiers, de dattes, d'écorce d'orange, même des glaces qu'on prépare artificiellement.

Mais nous ne sommes qu'au matin : on le voit de reste aux bourgeoises vêtues et voilées de blanc, qui, suivies de leurs domestiques noirs chargés de paniers, vont faire des emplettes au marché. Le marché lui-même n'est pas encore plein, car le Mouski fourmille de paysannes en longue chemise bleue, lourdement chargées, dont le visage est caché de voiles noirs. Elles portent sur la tête de grandes corbeilles remplies de volailles, poulets ou pigeons, un dindon ou des légumes. Quelques-unes tiennent en équilibre, sur le sommet de la tête, de hautes plies de bouses sèches, qu'on emploie à chauffer les fours dans l'Égypte peu boisée. De jeunes poissonniers les suivent avec leur marchandise frétillante, prise, quelques heures auparavant, dans le Nil.

Les gens à âne, et les voitures de louage, précédées de coureurs à la voix forte, deviennent plus nombreux; des soldats et de brillants équipages se montrent, et toujours la foule épaissit, car le chœur des marchands et des marchandes crie des légumes de toutes sortes, raisins, dattes, pastèques, régimes de bananes originaires de la Haute-Égypte, grenades, pommes d'amour, figues. Des jeunes filles non voilées invitent de leurs yeux noirs les passants à leur acheter des oranges; des vieillards à barbe grise avancent à tâtons au milieu de la foule, des mendiants en haillons murmurent une sentence pieuse en demandant l'aumône. L'étalage des confiseurs, toujours entouré de clients, attire les regards d'envie des enfants; les adultes eux-mêmes se paient un morceau de sucre étiré, ou suivent le montreur de bêtes, qui porte sur le dos toute une famille de singes apprivoisés, et même en laisse une chèvre, dressée à se tenir en équilibre sur une bouteille.

Rien de plus étrange que l'aspect du Nubien, qui se glisse çà et là, tout chargé des produits de son pays, peaux de panthère, œufs et plumes d'autruche, javelots, crocodiles empaillés et lézards du Nil, coquillages enfilés, tasses en bois de couleurs diverses. Tous, hommes et femmes, ont un costume différent et cherchent à attirer sur eux l'attention des passants. Le marchand de pistaches, par exemple, invite la pratique par la phrase suivante : « La rose était épine;

par la sueur du Prophète, elle a fleuri. » Ces cris ne sont intelligibles qu'aux gens accoutumés au dialecte populaire des Cairotes, et, non plus que l'œil, l'oreille n'a ici le temps de s'appliquer sans distraction à une seule chose; il est même beaucoup plus difficile de débrouiller l'entre-croisement des sons qui flottent sur le Mouski, que l'écheveau des types multiples qui l'animent.

C'est vers une heure de l'après-midi que l'encombrement est le plus fort. Une nappe flottante de turbans blancs et colorés monte et descend; de même que des navires et des bateaux sur les vagues de la mer, de longues files de chameaux, des carrosses lancés à fond de train, et à qui leurs coureurs frayent un chemin, des cavaliers sur des housses de velours brodées d'or et brillant au loin, fendent la foule humaine; des cortèges de mariage et des convois funèbres se suivent l'un l'autre, avec musique et chant, clameurs de joie et lamentations.

Le changeur juif, niché dans un étroit comptoir, attire les passants par le cliquetis de ses pièces, et couvre anxieusement avec la main l'or étalé sur sa petite table. Il est prêt à prendre toutes les monnaies du monde, car si l'on rencontre dans le Mouski tous les peuples, toutes les races d'hommes, toutes les couleurs, tous les idiomes de la terre entière, tous les costumes bariolés que nous connaissons par les mascarades, on voit circuler, dans le commerce du Caire, des pièces d'argent au type de tous les maîtres de la terre : piastres turques et égyptiennes, francs et napoléons d'or, shillings, roupies indiennes et livres anglaises, marcs et couronnes d'or, thalers de Marie-Thérèse et florins d'Autriche, voire les roubles d'argent qui sont une rareté en Russie, passent ici de main en main, sont acceptés et reçus, même par de petits commerçants.

Le soleil décline. La marée humaine commence à baisser, le tumulte diminue et, beaucoup plus vite que sous nos la-

Fig. 39. — Un laitier au Caire.

titudes, la nuit laisse tomber son ombre. Les boutiques, les pharmacies avec leurs vases en verre colorés, les gargotes les cafés s'illuminent de gaz et de lanternes, les chiens, errants sortent de leurs recoins obscurs, et se repaissent aux débris sans nombre qui se sont accumulés sur la chaussée poudreuse. Dès avant minuit, sauf en Ramadan, une tranquillité complète règne dans la plus animée de toutes les rues. Les boutiques se ferment, même les portiers qui ont dressé leur lit de palmes devant la porte des maisons qu'ils gardent, cessent de bavarder, et l'appel des cent mouezzins de la ville des califes retentit, haut et joyeux, à travers le silence de la nuit, sans que nul bruit l'interrompe.

La partie du Mouski, prolongée au delà du Khalig qui traverse la ville, s'appelle la *rue Neuve*. Sur la gauche se détache la rue du bazar des tourneurs de cuivre, auquel touchent le moristan de Kalaoun et la mosquée de Barkouk. Les Égyptiens nomment un bazar *souk;* bazar n'est pas un mot arabe, mais un mot persan. C'est là qu'il faut faire ses provisions quand on part pour la Haute-Égypte. Le mercredi, le lundi et le jeudi sont les principaux jours de marché. Ce jour-là, le devant des boutiques fourmille d'hommes; le commissaire-priseur circule entre les acheteurs et les vendeurs, reçoit les ordres et les adjuge au plus offrant. D'habitude, ces souks sont abrités et, par conséquent, pleins d'ombre et de fraîcheur, même en plein midi. Les rangées de boutiques dont se composent les bazars environnent d'ordinaire un grand bâtiment, le *khan*, qui sert de dépôt. C'est ce qui explique comment le négociant, assis dans un espace restreint, peut se procurer, en quelques minutes, les grandes quantités de marchandises qu'il étale sous les yeux.

On a besoin également de beaucoup de monnaie de cuivre dans la Haute-Égypte; c'est aux changeurs juifs qu'il faut s'adresser. Le quartier des Juifs a pour rue principale la rue des *Sarraf* ou changeurs. Il y a, dit-on, 6 à 7,000 Juifs en tout au Caire. Les treize synagogues qu'ils se sont construites, et les deux sectes entre lesquelles ils se partagent, sont sous l'autorité d'un grand rabbin.

C'est au port de Boulaq que l'on s'embarque sur la dahabiyeh. Ces navires ont encore presque la forme qu'ils avaient du temps des Pharaons. Les dahabiyehs sont si rapprochées l'une de l'autre, qu'on a peine à comprendre comment elles pourront se dégager. Dans la foule, quelques vapeurs. Le Nil décroissant remplit encore son lit jusqu'au ras des rives; le commerce, à ce moment, est en pleine activité. Sur le quai, c'est un fourmillement de matelots, de pilotes et de marchands du Caire, de fellahs, de Nubiens, de nègres, de chameliers avec leurs bêtes, d'âniers, de commerçants et de mendiants. Ici, on vend des dattes à l'encan, là des poteries de Siout et de Keneh. Le drogman d'une famille anglaise conduit vers une dahabiyeh deux chameaux portant des coffres, tandis que le maître suit dans une voiture de louage, peinte et vernie à plaisir. Un Grec embarque, avec plusieurs portefaix lourdement chargés, à bord d'un gros bateau du Nil, du genre dahabiyeh, qu'il a loué pour établir une sorte d'*ouakkal* flottant et mener son épicerie de ville en ville. Celui qui désire voir des nègres de toute nuance trouvera son compte à une visite dans le port; il n'y a nulle part ailleurs si grande variété de noirs.

L'installation d'une dahabiyeh est assez confortable; on y a ordinairement un salon, des chambres à coucher, un cabinet de bain. L'avant du bateau appartient à l'équipage, qui y dort en plein air. A l'avant est établie la cuisine; derrière, se dresse le mât trapu, avec sa voile latine, lacée à une vergue immense. La cabine est si haute qu'il faut un escalier pour monter sur la couverte; on y trouve, à l'ombre d'un tendelet, des banquettes rembourrées et des fauteuils en osier.

Quelques matelots versent des objets noirâtres dans un grand coffre vert : c'est leur pain, qu'ils mangeront sec ou trempé, pendant quatorze jours consécutifs, car ils ne pourront faire cuire de pain frais qu'à Girgèh.

La ville du Caire fuit et s'efface bientôt à l'horizon. Le bateau glisse le long de champs d'un vert humide, de monuments noircis par l'âge, de bouquets de palmiers balancés au vent et de rochers raides et nus, de bourgs et de villes populeuses, de fabriques à cheminées noircies, de temples peints et bariolés. Tantôt, les montagnes s'approchent si près de la rive que le courant baigne leur pied; tantôt, elles s'écartent, mais jamais à plus de quelques milles. Partout où il touche un morceau de plaine, si petit soit-il, le paysan façonne des champs fertiles et des bourgs s'élèvent. Les champs, les hameaux, les groupes de rochers, les îles du courant, la forme des palmiers et des sycomores, les bateaux et les voiles, les levées et les appareils à puiser, pour nombreux qu'ils soient, se ressemblent à se confondre les uns avec les autres; et pourtant l'attention ne se fatigue jamais, car nulle part au monde, il n'y a lumière aussi intense ni couleurs aussi brillantes que celles dont se revêtent cette vallée et ces montagnes, dans la brume du matin, dans la splendeur du midi brûlant, pendant les heures du soir, où l'astre mourant du jour métamorphose le ciel en baldaquin de pourpre; pendant les nuits fraîches, où Vesper comme une petite lune, la lune de même qu'un soleil à la froide lumière argentée, les planètes et les étoiles luisant d'un éclat merveilleux, illuminent le bleu profond du ciel pur. Rien de plus varié, d'ailleurs, que l'aspect et le mouvement des hommes dans les bourgs qu'on traverse; et les œuvres des

Fig. 40. — Changeur juif.

Pharaons, des Grecs, des Romains, qui attirent les amis de l'histoire, assurent des émotions toujours nouvelles.

Pendant les premières heures, les Pyramides attirent les regards. Sur la rive droite, sont les bourgs de Tourah et de Masarah ; les collines calcaires, qui se dressent derrière eux, ont fourni les matériaux nécessaires à la construction des Pyramides. Tandis que, dans l'antiquité, on extrayait les blocs et les dalles du fond même de la montagne, c'est sur les parois extérieures qu'aujourd'hui on les détache en employant la mine, et qu'on les taille. Les pierres à construire, une fois préparées, sont aujourd'hui encore amenées au Nil, ou au chemin de fer qui conduit aux eaux sulfureuses d'Halouan, sur la lisière du désert, par des chariots à deux roues attelés de bœufs. Beaucoup de poitrinaires viennent d'Europe passer l'hiver dans cette station d'Halouan, commodément installée : l'air du désert y est si frais et si pur que plus d'un malade européen, condamné par les médecins de son pays, y a trouvé une amélioration ou une guérison complète.

Le bourg de Bédréchéïn et les ruines de Memphis sont juste en face d'Halouan. Le chemin de fer court sur la rive gauche du Nil et relie le Caire à la Haute-Égypte. Au village d'Ouasta s'embranche la ligne qui conduit au Fayoum, et, bien qu'assez fatigant, un voyage à travers cette province vaut cent fois la peine de l'entreprendre. C'est une grande oasis qui, aujourd'hui encore, nourrit plus de 200,000 habitants. Un bras, dérivé du Nil près de Siout, et maintenu dans un lit artificiel, le Bahr-Yousouf ou canal de Joseph, a été jeté à l'ouest, par un barrage d'écluse, établi près du Il-Lahoun; au delà, il se sépare en un grand nombre de canaux et de rigoles et dépose un limon fécond sur le sol du désert. Il contribue à l'irrigation de ce canton qui est un vrai *présent du Nil*, puis s'abaisse et va rejoindre par trois gradins successifs le lac salé de la Corne et le Sahara.

Le célèbre lac Mœris, ce grand réservoir qui, dans l'antiquité, ne réglait pas seulement l'arrosage du Fayoum, est à sec depuis longtemps. Aucun des cantons de la fertile Égypte n'est plus fertile. Sur l'emplacement du lac, s'étendent des jardins et des champs, où l'on fait de riches moissons. On cultive, dans cette région, des oliviers, des citronniers, des orangers, tous les arbres à fruit du Delta, et des rosiers innombrables, teints des couleurs les plus belles. On tirait jadis de ceux-ci une essence supérieure à celle qu'on en extrait aujourd'hui; néanmoins, l'exportation de ces dernières années se chiffre par plus d'un demi-million de piastres. La canne à sucre, le coton, toutes les céréales de l'Égypte, viennent admirablement dans les champs du Fayoum; le pays doit ce nom, qui signifie en copte *pays de la mer*, au lac Mœris, dans le voisinage duquel s'élevait le célèbre labyrinthe, dont on a retrouvé les ruines, avec sa pyramide.

Avant la ruine du lac Mœris et des écluses placées à son entrée et à sa sortie, il était possible d'arroser une surface beaucoup plus considérable que celle du Fayoum actuel. Mais le sable jaune qu'apporte le vent a depuis longtemps étouffé ici tous les germes de la vie, et Seth a remporté sur Osiris une grande victoire. Médinet-el-Fayoum, capitale de la province, est une jolie ville, dans le voisinage de laquelle on a découvert beaucoup d'antiquités romaines et chrétiennes.

Dans un endroit où la montagne orientale se rapproche davantage du courant du Nil, on aperçoit un cloître, perché sur des hauteurs abruptes et rocheuses. Elles s'appellent Gebel-el-Taïr, la *montagne des Oiseaux;* et, par un hasard singulier, un banc de sable voisin de la berge fourmille de pélicans et d'autres hôtes emplumés. Les moines coptes viennent souvent à la nage auprès des dahabiyehs, tout nus, demandent l'aumône, mettent dans leur bouche l'argent qu'ils ont reçu et retournent de même vers leur cloître. Le cloître est vieux; ses habitants ont une prédilection pour le métier de cordonnier.

Tous les champs, ceux surtout de la rive gauche, sont aussi verts que les cantons les plus bénis du Delta, et les nombreuses cheminées qui fument sur la berge ou plus avant dans l'intérieur, montrent que l'homme sait tirer parti des dons de la nature; mais tout ce qu'on gagne ici appartient à un seul, au vice-roi. Ce sont ses domaines, couverts de plantations de cannes, arrosés par des pompes à vapeur, où travaillent et récoltent les fellahs. Les tiges lourdes, gonflées de sève sucrée, sont transportées aux fabriques sur des rails, qui vont à travers champs; on dit que, dans les années moyennes, l'Égypte produit environ cinq cent mille quintaux de sucre de canne. Pendant la campagne, on amène tous les paysans de fort loin à la ronde, non pas tout à fait par corvées, car ils sont payés, mais non plus comme journaliers libres, car on les recrute à la manière des soldats. Sont exempts, — et c'est la seule excuse qu'on donne pour le sans-façon du procédé, — ceux qui savent lire et écrire.

Fig. 41. — Gebel-el-Taïr, la *montagne des Oiseaux.*

Minieh est l'une des villes importantes du Nil; le vice-roi y possède une grande usine à sucre. Les habitants de Minieh enterrent leurs morts sur l'autre rive du fleuve, où se trouvait autrefois la ville. Il y a là un superbe cimetière, semé de nombreuses coupoles, et, à côté, dans les parois de la chaîne arabique, des tombes antiques.

Lorsqu'on traverse ces régions, on est constamment en butte aux cris et aux interpellations des gens qui demandent un *bakhchich*. C'est un mot d'origine persane, et qui signifie *présent;* il s'applique aussi bien aux cent mille piastres avec lesquelles un grand entrepreneur achète un pacha, qu'à la piécette en cuivre qu'on jette à un mendiant infirme. Le botaniste Paul Ascherson, qui accompagna G. Rohlfs dans son expédition à travers le désert libyque, prétend que le bakhchich est un simple mouvement réflexe de l'appareil vocal égyptien, qui se produit dès que l'indigène aperçoit un Européen, et de préférence un Anglais. Mais ce n'est peut-être cependant pas seulement la cupidité qui les excite à jeter ce mot à tout étranger qu'il voit. Les fellahs les plus pauvres sont fiers de leur religion; ils vivent dans cette conviction profonde qu'ils valent mille fois plus aux yeux de Dieu que le plus accompli et le plus riche des chrétiens qu'ils voient faire fortune en leur pays, et passer oisivement devant eux. Ils se tiennent pour les favoris, les élus de Dieu, et traitent de réprouvé quiconque n'appartient pas à l'Islam. Le fellah penserait commettre un péché, s'il accordait à l'étranger non croyant qu'il rencontre un de ces beaux saluts, tout empreints de piété religieuse. Aussi, dans mille cas, uniquement pour ne pas rester muet, et souvent sans attendre un cadeau, il jette son bakhchich en salut à la face de l'infidèle, et ce mot rend fort bien la disposition d'esprit dans laquelle il est vis-à-vis de l'étranger. En général, il ne désire rien pour lui; mais s'il peut gagner quelque chose, ce n'en sera pas moins le bien venu.

Au delà de Minieh, on trouve Beni-Hassan, célèbre par ses grottes antiques, supportées par de magnifiques colonnes aux formes élégantes. D'innombrables tombeaux s'ouvrent aussi, sur les deux rives du Nil, dans le calcaire de la montagne. Non loin de là est aussi Spéos Artemidos, ou caverne de Diane, avec un sanctuaire creusé dans la montagne, et des grottes où l'on a trouvé jadis d'innombrables momies de chat.

CHAPITRE XI.

ROUTE DE THÈBES.

Dès le temps d'Hérodote, les vents du Nord gonflaient, durant tout l'hiver, la voile du matelot qui remontait le fleuve; aujourd'hui encore, Borée pousse le bateau du voyageur vers le sud jusqu'au milieu de février. Jusqu'à Manfalout, — c'est une localité dont le Nil a souvent enlevé des portions considérables, — la chaîne arabique, se rapprochant de la rivière, prend des aspects pittoresques, et le courant baigne en plus d'un endroit le pied nu de la montagne pelée, dont les fissures fournissent un asile aux hirondelles et aux canards sauvages. Quand, l'hiver fini, les hôtes emplumés de la vallée du Nil retournent dans leur patrie occidentale, leur caquetage et leur ramage aigu rompent le calme qui règne à l'entour : on s'inquiète, et on est tenté de les prendre pour des esprits sous forme d'oiseaux, quand on les voit se précipiter à tire-d'aile sur les roches solides, et y disparaître comme s'ils s'étaient anéantis contre elles ou comme si la pierre les eût engloutis.

D'ici à Siout, capitaines et matelots doivent tenir l'œil

ouvert, car il faut doubler plus d'un tournant du Nil : dans tout le trajet du Caire à la cataracte, il n'y a pas d'endroit plus dangereux que le coude du fleuve aux falaises de la montagne Abou-Fodah. Un reïs prudent ne traversera jamais, pendant la nuit, ce séjour de brises inconstantes et soudaines. Plus d'un bateau s'est brisé sur les rochers de l'Abou-Fodah. On raconte cette histoire d'un réïs présomptueux qui paria, à Boulaq, de doubler sans danger la montagne redoutée. Il prétendait la connaître comme la prunelle de ses yeux, ce qui ne l'empêcha pas de perdre misérablement tout son avoir; bien que son bateau fût chargé de fer, il fut saisi par quatre vents à la fois, près de l'endroit dangereux, jeté sur les rochers, et mis en pièces. Ruiné entièrement, il retourna dans son pays, le bâton du mendiant à la main, et dit en soupirant : « Montagne Abou-Fodah, à présent seulement je te connais! » et ses paroles sont encore dans la bouche des bateliers du Nil.

La montagne redoutable va s'abaissant un peu vers le sud : c'est là, peu avant d'avoir atteint Manfaloût, petite ville habitée par des fellahs et située au bord du Nil, qu'on descend à terre, si l'on veut visiter la célèbre catacombe aux crocodiles de Maabdèh. L'ouverture est pratiquée dans la pierre au sommet d'une colline nue; on descend dans la gueule d'une caverne obscure. On y est entouré d'un cercle d'immondices, de carcasses d'animaux, d'ossements, de bandelettes de momies déchirées, de morceaux de poix. L'animal consacré à Set-Typhon était-il l'objet ici d'un culte particulier, était-il apprivoisé et enterré à grands frais dans ce séjour de vents dangereux? Comme tout ce qu'il y a de nuisible et de destructeur dans la nature, l'aridité et l'orage appartenaient à Typhon, et nous savons qu'en plusieurs endroits de l'Égypte, on rendait au saurien géant et vorace les honneurs dus aux animaux sacrés.

Aujourd'hui, on n'aperçoit plus que rarement un crocodile dans le voisinage de la grotte; mais, il n'y a pas longtemps encore, on pouvait voir souvent au pied de l'Abou-Fodah quelques-uns de ces animaux. Les bateaux à vapeur les chassent de plus en plus vers le sud; cependant en 1871, le comte de Ducie en prit, ici même, un qui n'avait pas moins de 14 pieds de long. Beaucoup des innombrables crocodiles embaumés que renfermait cette grotte ont été portés au Caire, pour y être vendus et envoyés en Europe, ou pendus, en guise de talismans, au-dessus de la porte d'une maison. La grotte de Maabdèh recèle encore peut-être plus d'un trésor des temps anciens. Le premier qui la visita, le consul d'Angleterre Harris, y trouva un fragment d'Homère écrit sur papyrus.

Remontant toujours vers le sud, on rencontre les premiers individus d'une espèce d'arbres nouvelle, isolés d'abord, puis de plus en plus nombreux à mesure qu'on approche de la cataracte, le palmier-doum (*Hyphaene thebaïca*), dont le domaine propre commence près de Kenèh. Au lieu que la tige du dattier se couronne d'une touffe unique, mais splendide, de feuilles mollement recourbées, sous lesquelles se développent, en lourdes grappes, les fleurs et les fruits, le tronc du palmier-doum, sans jamais dépasser une hauteur moyenne, se divise en branches ornées de feuilles en forme d'éventail, et chargées de noix qui atteignent la grosseur d'un œuf de cane. Chacune des parties de l'arbre est utile : le bois en est travaillé par le menuisier, l'amande filamenteuse que renferme le fruit se mange et a le goût d'une pâte sucrée, les écales de la noix sont métamorphosées par le tourneur en boutons et en objets analogues; les fellahs recouvrent leur hutte de ses feuilles, l'écorce qu'il fournit est fort estimée et sert à mille usages différents. La zone de cet arbre s'étend vers le sud, bien au delà des frontières de l'Égypte, au cœur de l'Afrique équatoriale, où il croît en forêts immenses.

Mais déjà pointent, sur la rive occidentale du Nil, les minarets de Siout la populeuse, à laquelle commence le Saïd proprement dit ou la Haute-Égypte, et derrière eux les derniers contreforts de la chaîne libyque. Avant d'entrer dans El-Hamra, le port de Siout, le Nil se courbe en nœuds si bizarres que la montagne paraît être tantôt à gauche, tantôt à droite.

Au débarcadère de Siout, se pressent les marchands de pipes, de cruches, de poteries diverses, qu'on fabrique ici habilement, d'après de beaux modèles. Chacun prend un âne, et, après être passé par devant les grands édifices du gouvernement, on se dirige vers la chaussée, ombragée de superbes sycomores. Le bazar est long et richement garni. Le dimanche, jour de marché à Siout, il fourmille de monde. La ville n'a pas moins de 30,000 habitants. Les marchands vendent dans leurs petites boutiques quantité de jolis objets, surtout des broderies sur cuir et sur velours, fabriquées ici même. Plus d'une bâtisse nouvelle attire les regards; plus d'une cour surprend, par sa grandeur et sa richesse, celui qui avait regardé la misérable façade en briques que la maison tourne vers la rue. Près de la ville est une colline qui servait de métropole aux habitants de la Siout païenne.

Rien de supérieur au panorama qu'on aperçoit de l'entrée des grottes creusées sur la colline : le cimetière arabe, le Nil, et, sur une rive, la chaîne libyque, sur l'autre la chaîne arabique. Au bord de la route, on rencontre, dans d'innombrables grottes, grandes et petites, creusées de main d'homme, ici des inscriptions, là des restes d'animaux embaumés, surtout de chiens et de chacals. Siout était la ville d'Anubis, à qui était consacré le *canis niloticus;* la bête prêtait même sa tête au dieu. Les Grecs, ayant pris ce chien pour un loup, donnaient à Siout le nom de Lykoupolis, la *Ville des loups*. On a, du reste, découvert ici des os de loups momifiés, et il y a encore en Égypte quatre espèces de chiens sauvages, parmi lesquels on rencontre des loups, mais beaucoup plus petits que notre loup d'Europe. Le naturaliste les appelle

Fig. 42. — Crocodile pendu au-dessus de la porte d'une maison.

canis lupaster; le fellah, *dib*, et ils paraissent avoir été réellement l'animal honoré à Lykoupolis. Le *canis niloticus* est une variété à pelage clair et à longues oreilles de notre renard, dont il a le volume et la taille, et qu'on voit aussi sur les monuments, attelé à la barque du Soleil. Le *fenek* des Arabes (*canis zerda*) est plus petit de moitié que le précédent et a les oreilles très longues.

Lorsqu'on s'enfonce plus avant dans les gorges de la chaîne libyque, on remarque les cavernes qui ont servi d'habitations aux anachorètes, dont Rufin et Palladius nous racontent tant d'histoires plus romanesques que véridiques. Le nombre d'Occidentaux qu'on voit à Siout s'est beaucoup accru depuis que le chemin de fer va jusqu'à cette ville. Mais le commerce défaillant de la ville sera-t-il par là relevé? Les anciennes fabriques, si célèbres, de damas et de tapis, sont depuis longtemps entièrement ruinées. En tout cas, par la suite comme devant, Siout servira d'entrepôt aux marchandises qui arrivent du désert libyque, du Darfour, du Kordofan; Roumela, la station où campent les caravanes du nord de la colline des tombeaux, ne saurait manquer d'être le théâtre d'un trafic actif, tant que la voie ferrée n'ira pas beaucoup plus loin vers le sud. Après Kenèh, Siout est la plus jolie de toutes les villes du Nil.

On admire, sur toutes ces rives, la fraîche végétation qui couvre tout, la richesse des moissons, l'activité des fellahs qui manœuvrent les seaux du *chadouf*, l'habileté avec laquelle sont disposés les travaux hydrauliques sur les biens des grands propriétaires fonciers, l'aspect pittoresque des bourgs, qu'on prendrait volontiers, de loin, grâce à leurs colombiers élevés, pour des temples ornés de pylones.

Au commencement de décembre, on récolte le *dourah*, la principale des céréales de l'Égypte; des essaims de pigeons volent autour de leurs demeures qui dominent les buttes des fellahs, passent comme des nuages à travers l'atmosphère ensoleillée, et s'abattent dans les champs pour prendre leur part du grain répandu sur le sol. Le fellah les entretient en grand nombre à cause de l'engrais qu'ils fournissent; mais on a calculé qu'ils gâtent encore plus qu'ils ne rapportent, même dans les conditions les plus favorables. Le campagnard ne les repousse cependant pas, car personne ne se débarrasse plus difficilement que lui des vieilles coutumes. Croirait-on qu'en dépit de tous les perfectionnements de l'outillage rustique, les fellahs emploient aujourd'hui encore la même charrue, la même houe, la même faux que leurs prédécesseurs d'époque pharaonique; qu'ils n'enlèvent pas la récolte en charrette, mais toujours et exclusivement à dos d'ânes, de chameaux ou d'hommes, et que, pour battre le blé, ils usent encore de l'antique machine qu'on appelle le *noreg*, dont la garniture de fer, à moitié ronde, sépare le grain de la tige, mais en cassant la paille?

Les champs de froment, d'orge, de trèfle, présentent l'aspect le plus agréable : c'est le moment où la tige sort de terre, et sa nuance tendre de vert émeraude fait un contraste heureux avec la teinte sombre des champs de canne à sucre et la couleur noire du sol. On cultive en plein champ, en dehors du dourah, le pavot, l'oignon, le haricot, la lentille; dans les jardins, la tomate, l'aubergine, le poivre rouge, l'anis, le coriandre, le *bammiah*, le basilic, le concombre. Ajoutons le lin, le chanvre, le maïs, le lupin, le safran, l'indigo, le tabac. Les environs de Siout sont remplis d'arbres à fruits et de nombreuses avenues qui en sont le principal ornement : dattiers, palmiers-doum, orangers et citronniers, parés de fleurs odorantes et de fruits éclatants ; et dans les jardins, des figuiers, des mûriers, des aubépines, des grenadiers. A côté de l'acacia, naturalisé en Égypte dès les temps les plus anciens, on rencontre l'*acacia farnesiana*, originaire d'Amérique, avec ses fleurs dorées qui exhalent un parfum de violette. Le *lebakh* donne une ombre épaisse; celle du sycomore à large ramure est beaucoup plus douteuse. Rohlfs le range au nombre des arbres laids, à cause de l'écartement de ses branches; et l'on ne saurait se dissimuler qu'auprès les palmiers élancés il n'a pas l'apparence élégante.

Les champs fourmillent d'hommes, qui se livrent en chantant à leurs nombreux travaux. L'œil et l'oreille sont également sollicités par l'animation et la diversité du spectacle. On rencontre chez les hommes plus d'une tête caractéristique, chez les femmes et les jeunes filles, qui vont sans voile, plus d'un joli minois. Les enfants, jusqu'à leur cinquième année, courent çà et là tout nus, comme des chatons noirauds et bien bâtis. Moins mignons sont les petits à la mamelle, que les mères ont l'habitude de porter avec elles sur l'épaule en plein air, et qui sont rarement entretenus dans un état de propreté satisfaisant. Beaucoup des femmes qui travaillent aux champs laissent leurs enfants au village : quand on traverse au temps de la moisson les rues vides et gardées par

Fig. 43. — *Bórig;* machine à battre le blé.

des chiens hargneux, il n'est pas rare qu'on rencontre de ces berceaux avec ses étranges gardiennes.

On passe plus loin devant deux localités du nom de Gaou. L'une s'appelle Gaou-le-Grand, *el-Kebir*, c'est l'Antæopolis des anciens. L'autre Gaou, celui de l'ouest, El-Gharbiyeh, sur la rive libyenne du Nil, en face de la ville d'Antée, a été le théâtre, en 1865, d'une tragédie sanglante. Une insurrection compliquée de brigandage ayant éclaté, le gouvernement envoya des troupes contre les rebelles, les réduisit à la raison, et exerça la répression la plus sanglante, non seulement contre les coupables, mais contre tous leurs parents, qui furent condamnés aux travaux forcés ou exécutés par centaines.

Une longue traversée par un calme plat conduit à Sohag, une des localités importantes de la Haute-Égypte. Dans le voisinage se trouvent *le Cloître blanc* et *le Cloître rouge*, qui sont peut-être les plus vieilles basiliques chrétiennes de l'Égypte. Il y a encore aujourd'hui un assez grand nombre de cloîtres coptes, bien que la plupart des quatre-vingt-six couvents dont parle Makrizi soient tombés en ruines, et aient été abandonnés par les moines. Plusieurs monastères se vantent d'avoir pour fondateurs les *pères du monachisme*, Paul de Thébaïde et saint Antoine. Les plus affirmatifs dans leurs prétentions sont les deux couvents situés à l'est de Beni-Souef, dans le désert arabique, non loin de la mer Rouge. L'un surtout, celui de Saint-Antoine, bien qu'il ne loge que quarante moines, est fort remarquable et paraît avoir réellement le droit de vanter son antiquité. Cependant, bien que les bons pères montrent dans le voisinage, — comme au Sinaï, le moule du veau d'or, — la grotte du célèbre anachorète, il est bien certain que les premiers monastères ont été fondés plusieurs siècles seulement après la mort d'Antoine.

A mi-chemin, entre le Caire et Assouan est Girgèh. C'est la région où se trouvent le plus d'Égyptiens chrétiens. Siout a aussi de très grandes églises. L'église copte de Girgèh est intéressante à visiter. Les femmes y sont séparées des hommes par un treillage qui ressemble à celui des machrebiyehs; un mur, orné de tapis et de tableaux, auxquels sont suspendus des portraits de la mère de Dieu et de saint Georges terrassant le dragon, mauvais d'exécution mais fort anciens, ferme l'*hékel*, le saint des saints, où est l'autel. La plupart des fidèles ont des figures sérieuses, bien proportionnées, moins anguleuses que celles des Arabes, le teint d'un brun clair, les vêtements de couleur sombre. On voit rarement à leur turban une couleur qui ne soit ni le bleu ni le noir. On peut s'étonner de voir un grand nombre d'assistants s'appuyer sur des béquilles; il faut savoir que les Coptes, obligés à rester debout pendant des services interminables, se servent de ce genre d'étai pour éviter une fatigue par trop forte. Chaque personne qui entre baise la main du prêtre, plie le genou devant les saintes images, et demeure debout. Les fidèles ne prêtent guère attention aux hymnes en langue copte, que chantent quelques clercs et des écoliers, et qui ne sont comprises par aucun des assistants, sauf, dans des cas extrêmement rares, par les gens d'église; ils s'entretiennent assidûment l'un l'autre des choses les plus mondaines. Même dans le compartiment des femmes, on babille et on se querelle si fort qu'on peut distinguer chaque voix et chaque mot; comme des cris d'enfants éclatent par là-dessus, le prêtre se voit contraint parfois de se précipiter au milieu d'elles et d'ordonner le silence.

Fig. 44. — Ruines d'un cloître copte, près de Philæ.

Le prêtre de rang supérieur, vieillard de belle mine, sort du hékel, circule au milieu des fidèles en balançant l'ostensoir, et met la main sur la tête de quiconque est près de lui. C'est alors qu'on partage la cène, d'une façon à laquelle on ne peut penser sans répugnance. On mange, au lieu d'hostie, de petits pains marqués de la croix copte, et le prêtre, après s'être lavé les mains, consomme à la fois le pain et le vin : il fait tremper l'un dans l'autre, et porte à sa bouche, avec une cuiller, la pâtée qui résulte de ce mélange. De temps en temps, il en allonge une pleine cuillerée à quelqu'un des laïques qui sont près du hékel. Pour éviter qu'une parcelle de la chair et du sang divin ne se perde, il verse de l'eau dans le calice, le nettoie, et absorbe à longs traits ce breuvage douteux, qui lui a servi également pour se laver les mains. A dire vrai, cette soupe au vin pur n'est pas la seule des formes de la même croyance à laquelle s'en tienne la chrétienté copte. On fait aussi des quêtes pour les pauvres avant que les fidèles sortent de l'église.

Mais il manque à cette communauté chrétienne une foi sincère et solide. Aussi ne doit-on pas s'étonner si l'on a réussi, surtout dans la Haute-Égypte, à décider ce qu'il y avait de plus noble et de meilleur parmi les Coptes à entrer dans d'autres confessions. La société des missions américaines de l'Église presbytérienne des États-Unis a travaillé chez eux avec un succès tout particulier : à peine y a-t-il une ville du Saïd où elle n'ait pas réussi à gagner des chrétiens monophysites à la confession évangélique, à former des communautés, à fonder des écoles. A Kous, au sud de Kenèh, tous les Coptes se sont ralliés au protestantisme ainsi que leur prêtre. La propagande romaine s'est, elle aussi, mise à l'œuvre avec zèle, mais sans grand succès. On trouve à Girgèh un vieux couvent et quelque moines appartenant à l'Église latine. A Nagadèh, entre Kenèh et Thèbes, il y a, outre une communauté évangélique, la communauté catholique-romaine la plus considérable de la Haute-Égypte. Elle a reçu d'Europe des cloches d'un beau timbre.

Fig. 45. — Un abreuvoir à pigeons.

Chez les Coptes, la femme et les enfants vivent dans leurs appartements particuliers, séparés des hommes comme chez les Arabes, et les marques de respect que les pères exigent de leurs fils sont si fortes, qu'avant le mariage, les uns n'osent jamais prendre leur repas à la même table que les autres. Sur la table des Coptes riches, — et on en trouve qui le sont, non seulement au Caire et à Alexandrie, mais dans la Haute-Égypte et notamment à Girgèh, — les meilleurs vins de l'Europe ne font pas défaut. Mais beaucoup d'entre eux boivent trop, au lieu de vin, une excellente eau-de-vie de dattes.

De Girgèh on va à Belianèh, à travers la campagne bien cultivée et les gros bourgs pourvus de colombiers magnifiques, et où les maires de village vivent dans de belles maisons. Ce canton béni n'est pas sans avoir ses huttes misérables, ses monceaux de décombres et d'ordures; le paysan abandonne le bétail crevé et le laisse dans les rues des villages, en pâture aux chiens et aux vautours. Mais on est rempli d'admiration pour l'activité, l'adresse, la patience des hommes et des femmes, qui, formés sans école et sans apprentissage, savent cependant utiliser l'eau et prévoir sa puissance, ont construit une levée solide, creusé les petites rigoles qui traversent les champs, dressé des roues hydrauliques.

A deux heures de Belianèh, le bourg d'Arabat-el-Madfounèh est assis gaiement sous les palmiers, sur le rebord de la chaîne libyque. Des hommes, des femmes, des enfants transportent, sur leur tête ou à dos d'âne, la poussière saturée de natron, qu'ils répandent dans les champs, en guise d'engrais précieux. Là, près des ruines des plus anciennes villes de l'Égypte, Thinis et Abydos, est la maison de Mariette, où l'on abrite provisoirement les petits monuments retirés du sable. Les fouilles de Mariette ont remis au jour, sur l'emplacement en ruines de Thinis-Abydos, des monuments d'une antiquité aussi reculée que les plus anciens de ceux qu'on a trouvés dans la nécropole de Memphis. C'est à Thinis que se développèrent les conceptions religieuses si originales du peuple des Pharaons.

Les oasis qui s'étendent du nord au sud, sur une ligne parallèle au cours du Nil, et séparées de la vallée par cinq

Fig. 46. — Jeune garçon fellah.

jours de marche à travers le désert, présentent comme un reflet de la fertilité de l'Égypte. Le froment, l'orge, le riz, le trèfle couvrent les champs; le cotonnier, l'indigo, le dattier, le palmier-doum, le citronnier, l'oranger, le figuier, l'*acacia-sont*, prospèrent dans les vergers. La vigne qui, sous les Pharaons, fournissait un vin généreux, n'est plus cultivée que pour les raisins de table qu'elle donne. Dans la grande oasis d'El-Khargeh, qui nourrit 6,000 habitants, cette riche végétation est arrosée par cent cinquante sources, qui versent leurs eaux dans de nombreuses rigoles.

Si nous nous avisions de conduire nos lecteurs d'oasis en oasis, à travers la partie du Sahara la plus pauvre en sources, un petit nombre seulement nous en saurait gré; aussi bien, quoique les spectacles qu'on rencontre fréquemment dans ces solitudes, les scènes de campement, les incidents qui rompent la monotonie du voyage, puissent se prêter parfaitement au crayon et au pinceau du peintre, aucun artiste n'a, jusqu'à présent, traversé le désert libyque. En d'autres parties du Sahara, au contraire, on a peint assez souvent des caravanes qui abreuvent leurs chameaux à une source, des Bédouins à pied et à cheval avec leurs filles aux yeux noirs et leurs marmots éveillés, et enfin le phénomène étonnant du mirage. Une excursion à travers le Sahara est riche en privations, mais l'air du désert est si léger et si pur, qu'on éprouve du plaisir rien qu'à le respirer; le repos est divin après une pénible journée de marche, quand la fraîcheur du soir commence à se faire sentir, et que des étoiles innombrables semblent abaisser leurs regards sur le voyageur et sur sa tente, du haut d'un ciel pur.

Au port de Kenèh, de véritables bancs de poterie de toute grandeur et une multitude de fours à potier fumants, apprennent à quiconque touche terre quelle est la principale industrie qui occupe les habitants de cette ville et de ses alentours. Dans les villages fellahs, plus d'une muraille, d'un toit de maison, d'un colombier, sont bâtis avec des pots. On transporte les poteries de Kenèh jusqu'au Caire sur des convois de flottage. Ces trains consistent en un assemblage de grandes cruches, liées l'une à l'autre, l'ouverture en bas, et maintenues dans un cadre en bois, muni d'un fort étai, destiné au gouvernail; le tout chargé d'une quantité de vases. La plupart des *koullèhs* en terre poreuse et des filtres dont on se sert en Égypte sont fabriquées à Kenèh, de temps immémorial. Les unes n'ont presque jamais d'ornements; les autres sont tournées et décorées à la main.

Kenèh est, après Siout, la plus jolie ville de la Haute-Égypte; elle compte plus de 10,000 habitants. La maison du marchand copte Bichara, qui est à la fois consul de France et d'Allemagne, est d'un luxe à faire peur : décoration extérieure et mobilier, rien n'y manque de ce que le mauvais goût de l'art arabe moderne a su inventer. Sur la façade, s'étale toute une ménagerie d'animaux rouges, oranges, jaunes d'or. Si l'on était dans une ville européenne, on pourrait croire qu'un écolier, muni, par une chance inespérée, de pleins seaux remplis de couleur, a obtenu la permission de passer son ardeur sur cette immense surface.

Les marchés à bestiaux sont très importants à Kenèh. Le trafic est encore considérable dans cette ville au moment du pèlerinage de la Mecque : beaucoup des pèlerins de la

Haute-Égypte, de la Nubie, du Soudan, des provinces musulmanes de l'Afrique centrale font la traversée par Kenèh et par Koçéir. On va rapidement, de cette dernière ville à Djeddah, en bateau à vapeur ou à voiles. Beaucoup de pèlerins qui s'y arrêtent à leur retour boivent, en guise de vin, une espèce d'hydromel, sorte de liqueur enivrante et primitive qu'on prépare avec du miel.

Sur l'autre rive est Denderah, avec son temple charmant, dont l'architecture paraît ne pas avoir échappé entièrement à l'influence du génie grec. Quant aux ruines de Thèbes, de Louqsor et de Karnak, dont la description ne rentre pas dans le cadre de cet ouvrage, elles donnent l'idée la plus grandiose de la splendeur de l'ancienne Égypte. Mais, comme le fleuve enlève un morceau de la berge chaque année, les ruines du temple de Louqsor finiront elles-mêmes par succomber, si le gouvernement ne cherche pas à mettre un frein à l'action destructrice des flots.

Ceux qui veulent visiter Thèbes n'ont d'autre parti à prendre qu'à chercher, dans la montagne libyque, une tombe convenable et à s'y installer. Les tombes sont simplement fermées de portes en bois. Au devant, s'étend un espace aplani et entouré d'une barrière, où vivent pêle-mêle enfants nus, ânes, chèvres, brebis, volailles. Chacun de ces gens possède ou tient à bail un coin de terre, et garde ce qu'il produit, céréales, pois, lentilles, dans de grands vases cylindriques en limon du Nil. Il n'est pas rare de voir, debout dans les avant-cours, nombre de ces vases, qu'un voyageur pressé prendrait pour tout, sauf pour un garde-manger. C'est cependant à cause d'eux et de leur contenu qu'on entretient la multitude de chiens qui garde chaque maison fellah.

Presque tous ces gens pratiquent le commerce des antiquités et vendent aux marchands de Louqsor les meilleures pièces qu'ils trouvent. Pendant l'hiver, beaucoup louent leurs ânes aux étrangers, et dressent leurs enfants à suivre les voyageurs avec des cruches d'eau, à mendier, à offrir les antiquités fausses qu'ils fabriquent eux-mêmes avec une très grande habileté, ou qu'ils font venir, par intermédiaires, du Caire ou d'Europe. Les petits démons trouveront preneur pour leur marchandise aussi longtemps qu'il y aura des voyageurs superficiels qui voient Thèbes entière en deux ou trois jours, et désirent rapporter dans leur patrie des souvenirs *du temps de Pharaon*. Les enfants d'Abd-el-Kournah se jettent sur ces touristes et crient bakhchich avec une persévérance et une insistance qui lasseraient la patience du plus patient.

Si aujourd'hui, les débris de temples superbes et d'innombrables tombes richement décorées rendent encore témoignage à sa splendeur antique, les maisons de ses habitants et les palais de ses rois ont disparu jusqu'au dernier : quand on demande à quelqu'un des indigènes qui vivent en ces parages où est Thèbes, il ne sait que répondre, car il ne connaît qu'Abd-el-Kournah, Medinet-Habou, Karnak, Louqsor, et autres villages de fellahs qui se sont élevés dans levoisinage des amas de ruine les plus importants, en partie au milieu des ruines. A Louqsor, on trouve des chèvres et des brebis, des chiens et de la volaille aux endroits les plus sacrés jadis, et les marmots, dont Louqsor abonde, jouant dans les pièces fermées aux initiés mêmes. On voit des enfants qui, à la face d'une image de la Vérité, fabriquent avec leurs couteaux des scarabées faux. Le limon et la poussière salissent la demeure pure de la divinité dont l'image contemple les fours à poulets qu'un Copte a dressés à ses pieds. Les poules abandonnent volontiers leurs œufs dans la chaude Égypte ; il faut donc amener les poussins à éclosion par une chaleur artificielle. Quant aux enfants, ils poussent de leur mieux, tout seuls, sans éducation comme sans chemise.

CHAPITRE XII.

DE LA VILLE D'AMMON A LA PREMIÈRE CATARACTE.

Thèbes, la Thèbes du peuple et des nobles, a disparu de la terre. Il ne reste aucun des palais de ses rois, aucune de ses maisons particulières, mais les débris du temple de Médamôt, qui appartenaient à un de ses faubourgs, et sont à une bonne heure de Karnak, montrent jusqu'à quelle distance, vers le nord, se prolongeaient les avenues et les rues de la ville aux cent portes. La nécropole, surtout dans les derniers temps s'étendait de préférence vers le sud. On dirait qu'elle allongeait le bras vers la ville d'Hermonthis, qu'on pourrait appeler le Versailles de Thèbes, et qui eut la fortune de précéder cette ville et d'hériter d'elle. Pour aller à cheval de la nécropole de Thèbes à Erment (Hermonthis), il ne faut que deux heures; par eau, il faut beaucoup plus de temps, grâce aux replis du fleuve.

Il faut ensuite une bonne demi-heure de cheval pour aller de l'Erment actuel aux maigres restes de la ville antique. Le sanctuaire en a été démoli par un entrepreneur grossier, qui a enfoui les blocs richement ouvragés dans les fondations et dans les murs de la grande raffinerie vice-royale. Dans les endroits qu'on traverse, on doit souvent se mettre en défense contre les chiens gris à poil long, qui se distinguent des roquets fellahs par le courage et la beauté et, même dans la Basse-Égypte, sont estimés particulièrement comme gardiens de la maison ou du troupeau.

Entre Erment et Esnèh, on rencontre les premiers défilés du Nil. Ici, le fleuve baigne de son courant impétueux la montagne libyque, et passe devant une falaise qui fait saillie sur la rive occidentale : elle porte la tombe du cheikh Mousa. Les anciens Égyptiens appelaient cet endroit *Anti*, la *paire de rochers;* les Arabes ont traduit ce nom par Gebeléin qui signifie *les deux montagnes*.

Esnèh, l'une des grandes villes des bords du Nil, est située sur la rive gauche. Sur la rive droite, quelques milles plus loin vers le sud, s'élève le bourg d'El-Kab, avec les restes de l'antique cité de Nekheb. Aucune localité de l'Égypte n'est plus riche en danseuses et en chanteuses qu'Esnèh, depuis que Saïd-pacha y relégua tous les membres de cette corporation, après les avoir chassés du Caire. A Kenèh, à Louqsor, à Karnak, peut-être au milieu des ruines de Karnak, presque dans tous les bourgs de la Haute-Égypte, on a l'occasion de voir ces filles pratiquer leur art, et d'entendre les musiciens qui les accompagnent jouer des instruments propres à l'Orient. A dire vrai, les mouvements rythmiques du corps, la trépidation en mesure, les gestes de ces danseuses, les paroles que débitent les chanteuses entre-temps, ne satisfont que médiocrement notre goût occidental, habitué à d'autres façons, quand même il nous aurait été donné d'admirer les artistes les plus remarquables en ce genre, celles qu'on ne trouve ni à Esnèh, ni dans aucune ville de province, mais seulement au Caire.

Esnèh n'est pas seulement la résidence des Ghaouazis, qui égaient par la danse et le chant les réunions d'hommes et de femmes, c'est encore celle d'une antique corporation, à laquelle appartiennent aussi les conteurs populaires. Dans le sein de cette corporation ont été établies les règles de l'art du chant, si difficiles et presque incompréhensibles pour l'Européen, qu'observent tous les chanteurs orientaux. Si elle n'est pas belle à notre sens, elle est du moins fort savante, cette suite lamentable d'intervalles musicaux irréguliers, qu'on expectore d'une voix nasillarde, et qui se termine chaque fois par une longue cadence. Même les morceaux pour flûte et clarinette, pour luth et *kanoun*, que jouent les virtuoses, instruits généralement à l'école des musiciens cairotes, nous paraissent étranges; mais l'habileté de ces gens, et la sûreté avec laquelle plusieurs d'entre eux jouent à l'unisson, forcent l'admiration des connaisseurs.

Les chanteurs, qui forment la classe la plus élevée parmi les musiciens de la capitale, sont, quand ils sortent de la moyenne, des personnages hautement estimés, et parviennent rapidement à la fortune. Ici, comme en Europe, les femmes l'emportent de beaucoup sur les hommes en nombre et en réputation. Dans ces dernières années, la plus célèbre était une femme remarquable, qui s'était octroyé à elle-même le surnom d'Almas, *le diamant*. Les dons en or sonnant, dont on paie une chanteuse comme celle-là, sont aussi extravagants que les applaudissements qu'on lui prodigue dans cet Orient qui est le pays de la libéralité. Une bonne dame des bords du Rhin, qui eut la chance d'entendre Almas dans un harem, racontait que les auditrices lui avaient jeté sur les genoux, à l'envi l'une de l'autre, des poignées de pièces d'or, de bagues, d'objets de parure : une seule de ses soirées vaut aussi cher qu'une de celles de la Patti.

Les chanteurs ont aussi une fortune heureuse, mais ils se maintiennent moins longtemps à l'apogée que leurs confrères de l'autre sexe. Au contraire, la voix des enfants et des adolescents a souvent dans ses registres un charme particulier, et son chant est souvent, à cause de cela, préféré même à celui des femmes. Les bohémiennes d'Esnèh sont à la fois danseuses et chanteuses, et jouent devant les étrangers, habillées de couleurs vives et parées d'ornements en or. Elles se contentent d'un prix modéré, et ne réussissent que rarement à exciter l'approbation, je ne dirai pas le ravissement de leurs auditeurs européens. Leur chant ne manque cependant pas de sentiment ni de profondeur; et les moins parfaites ont un instinct très marqué de la mesure. Les Égyptiens sont très musiciens de leur nature. Les gens des classes laborieuses, surtout les matelots, chantent toujours en travaillant. La musique est l'accompagnement obligé de chaque plaisir qu'ils prennent, et même des récits du conteur, autour duquel ils aiment à s'assembler quand la rumeur du jour s'est tue.

Ces artistes du soir appartiennent également à la corporation des musiciens; on les rencontre devant la porte des cafés, sur des estrades basses, recouvertes de tapis. D'ordinaire, ils sont deux, dont un accompagne le narrateur avec le *rebad*, sorte de viole dont on joue avec un archet comme sur un violoncelle. Le sujet de leurs récits varie au cours des temps : aujourd'hui, les romans chevaleresques d'Antar,

Fig. 47. — Temple d'Hermonthis.

de Séif-el-Yézen et d'Abou-Zéid ont chassé presque entièrement les jolis contes de Schéhérazade.

Nekheb, qui contient beaucoup de monuments antiques, est aujourd'hui *El-Kab*, et il semble que ce soit la ville dont est sortie Esnèh. A vingt kilomètres d'El-Kab, est Edfou, sur la rive occidentale du Nil, au milieu de bourgs et de villages, dans un pays riche et bien cultivé. Dans ces parages, la rive orientale du fleuve ne peut, à cause de son élévation, être atteinte qu'en de rares endroits par l'inondation, et n'est, par conséquent, que fort peu défrichée. Çà et là seulement, on aperçoit un champ vert, un bourg, ou, non loin de la berge, la coupole du tombeau d'un cheikh. De fort loin déjà, on commence à apercevoir les pylones élevés d'un temple superbe : pour y aller, il faut un quart d'heure, du point où l'on débarque. Il y a peu d'années encore, ce célèbre sanctuaire était d'un accès difficile; les fellahs s'étaient nichés dans les cours, voire sur le toit, et le sable ou l'ordure encombrait les chambres et les passages. Mariette réussit à obtenir du vice-roi le consentement à un nettoyage complet. Aussi le temple d'Horus est-il l'un des mieux conservés de toute l'Égypte.

Après Edfou, on trouve Radesièh. Gebel Silsilèh, la montagne de la chaîne, est située à quelques milles au sud de Radesièh; les berges escarpées du Nil s'y rapprochent, et l'on conte que le passage aurait été jadis barré par une chaîne (*silsilèh*), tendue d'une rive à l'autre. La tradition a été évidemment inventée pour expliquer le nom antique, mais l'aspect des lieux la rend presque vraisemblable. Le fleuve se précipite, furieux et rapide, entre les rochers qui resserrent ses eaux; ces rochers, du côté de la Libye, comme du côté de l'Arabie, sont d'un beau grès jaune et fin, au lieu que, jusque-là, sur les chaînes de hauteurs qui bordent la vallée, on ne trouvait que des formations de calcaire et de craie. Et pourtant, on a employé à construire presque toutes les parties des plus grands temples exposés à l'air, non pas le calcaire, mais le grès, et un grès absolument identique à celui qui est ici, à droite et à gauche du fleuve, sur les flancs du Gebel Silsilèh. Que l'on se promène sur la côte libyque et que l'on cherche çà et là; puis, après avoir franchi le lit étroit où le Nil coule avec emportement, que l'on escalade de rocher en rocher la lisière montagneuse qui borde la rive arabique, et l'on sera bientôt convaincu, de façon irréfragable, que chacun des blocs de grès dont on s'est servi, dans le pays de la terre le plus riche en temples, pour édifier les plus gigantesques de tous les sanctuaires, ont été détachés par les tailleurs de pierres de Pharaon dans ces collines jaunâtres, qui, maintenant, semblent l'écorce vide de grenades dont on a enlevé les grains, tandis qu'à côté, d'autres grenades s'étalent en quantité innombrable que personne n'a encore ouvertes.

Le nombre des chambres de carrière est immense, sur les parois lisses desquelles on aperçoit aujourd'hui encore les marques des carriers, qui détachaient les blocs de la roche dure avec un art merveilleux. Les surfaces dont on a séparé des quartiers de pierre sont aussi polies et aussi unies d'apparence que si l'on avait su au temps jadis amollir le grès cassant. La ville, à laquelle ces carrières appartenaient dans l'antiquité, s'appelait Khennou, le *gué;* elle était située sur la rive droite, ainsi que son port, où vaisseau de charge devait se presser contre vaisseau de charge. En débarquant aujourd'hui au Gebel Silsilèh, on trouve entièrement déserte la rive, qui devait jadis fourmiller d'ouvriers actifs, de matelots, de prêtres, de pèlerins.

On ne trouve plus là que quelques fellahs, souvent déguenillés, dont les traits diffèrent entièrement de ceux des

Égyptiens. Ce sont des individus de race Béga, des Ababdehs, appartenant à ces familles qui ont renoncé à leur vie nomade dans le désert arabique, se sont établies à demeure en Égypte, et maintenant, au lieu de la langue de leur peuple, le *tobedizaouiyeh*, parlent un mauvais arabe. On peut rencontrer aussi à Radesièh quelques-uns de ces enfants de la nature, apprivoisés et dépouillés de leur originalité. On doit aller les chercher au désert, leur patrie, lorsqu'on désire les voir dans leur sauvagerie native, et connaître, dans notre époque civilisée, un peu de ce qu'était la vie humaine au temps où notre race était plus près de la nature qu'elle ne l'est aujourd'hui, jouissait de ce bonheur qu'ont chanté les faiseurs d'idylles, et qui ne peut plus exister sans trop de trouble que là où l'homme, vivant dans une condition gênée, désire à peine plus que ce qui est nécessaire à subsister chaque jour. La race béga, dont nous parlons, n'a même le nécessaire qu'en une mesure restreinte, car les montagnes, les vallées et les côtes où elle habite, entre le Nil et la mer Rouge, appartiennent aux régions brûlantes et stériles du désert arabique. Cette contrée misérable, et pourtant digne d'une étude attentive, a été traversée plusieurs fois par G. Schweinfurth, et décrite fort bien par le Dr Klunzinger, qui passa six ans à Kocéir comme médecin et naturaliste.

La montagne orientale du Nil, qu'on appelle Arabique depuis le temps d'Hérodote, a été formée principalement par un soulèvement de roches primitives, granit, syénite, porphyre, diorite, ardoise micacée de couleur plus ou moins sombre. Vers le sud, ce massif s'unit aux Alpes d'Abyssinie; à l'ouest, il a été séparé violemment des soulèvements identiques du Sinaï et de la péninsule arabique, par la formation de l'immense crevasse que la mer Rouge remplit aujourd'hui. La nature a taillé dans ce noyau d'innombrables chaînes de montagnes difficiles à débrouiller, et des vallées

Fig. 48. — Anier de Thèbes.

mêlées l'une à l'autre en manière de labyrinthe, parfois fort allongées, souvent creusées profondément. D'espace en espace, une cime, ou un sommet déchiqueté de coupe hardie, dont quelques-uns atteignent une hauteur d'environ 2,000 mètres.

Toute la région est riche en beautés naturelles, en montagnes de formes pittoresques, en énormes murailles de rochers colorées merveilleusement, traversées de veines bariolées. La beauté nue de la pierre, que ne revêt aucun manteau de terre, aucun voile d'humus, apparaît, ici en formes arrondies, là sauvage et luxueuse, partout dans la plénitude de son originalité primitive. La parure que donne la vie organique n'y manque pas entièrement, car, de temps en temps, — rarement, il est vrai, et une fois seulement par an, pendant les mois d'hiver, — de sombres nuages de pluie et d'orage s'assemblent autour de la tête des montagnes, et des ondées s'abattent bientôt sur le sol avec fureur, comme si elles voulaient y déverser en une seule fois toute l'humidité de l'année.

Les cascades et les ruisseaux, qui se précipitent par les gorges et les crevasses des montagnes, se réunissent en torrents dans les vallées; de véritables systèmes fluviaux se développent, et le bras finit par déboucher dans une large vallée terminale, lent et majestueux, ou entraînant violemment tout ce qui se rencontre sur la route, pour aller tomber dans la mer Rouge ou dans le Nil, selon l'orientation de la pente sur laquelle se sont précipités les principaux orages. Mais la domination des eaux est courte au désert; peu de jours après que le ciel a ouvert ses écluses, qu'un ruisseau a coulé dans chaque fissure du rocher, une rivière dans chaque vallée, le désert redevient sec et aride. Toutefois, l'humidité a baigné et éveillé les germes des plantes, qui dorment partout : des millions d'herbes pleines de sève ouvrent leurs yeux, croissent, bourgeonnent, soit dans les déchirures et sur les penchants de la montagne, soit au fond des vallées. Des broussailles et des arbres, l'acacia, les tamarisques qui forment de vrais bois, toutes sortes de plantes bisannuelles ou plus vivaces encore, témoignent de leur vigueur par la fraîcheur du vert dont se recouvrent leurs tiges et branches.

Bientôt, sous la fraîche haleine du printemps, de janvier à mars, de belles fleurs rouges et jaunes se développent, attirent des papillons aux couleurs variées, des abeilles sauvages, des guêpes qui volètent, des scarabées, des lézards, des fourmis qui rampent à l'entour. La peau des gazelles et des antilopes devient luisante ainsi que celle de leurs ennemis, les félins carnassiers du désert. Les puits et les citernes naturelles se sont remplis d'eau fraîche; même un ruisselet court çà et là, ou une petite cascade s'écoule avec un débit de plus en plus faible, à l'endroit où, quelques semaines auparavant, une large cataracte tombait en grondant des rochers. C'est le moment de faire fête au printemps du désert, de s'enfoncer dans les vallées calmes, et de respirer cet air si pur qu'on ne trouve nulle part ailleurs sur la terre. Les citadins et les habitants des bourgs, eux aussi, aiment à célébrer, le lundi de Pâques, leur fête du printemps, leur *Chimns-en-nesîm* (acte d'aller respirer l'air), dans une vallée du désert; bientôt après, l'haleine dévorante du simoun recommence à souffler, bientôt les broussailles et les herbes se dessèchent et ne sont plus qu'un foin épineux; seuls, les buissons et les arbres demeurent pour témoigner de l'existence d'une vie organique.

Sur la montagne primitive de roches cristallisées, s'étendent vers l'est, vers l'ouest, vers le nord, des masses de pierres scintillantes, disposées par couches, provenant de dépôts marins et, pour la plupart, de nature calcaire. Aussi toute la lisière occidentale du désert arabique, qui presque partout tombe à pic dans la vallée du Nil, du Caire jusqu'au Gebel Silsilèh, où le grès perce, et jusqu'à Assouan, la ville frontière de l'Égypte du côté du sud, où la roche primitive côtoie directement le fleuve, apparaît-elle comme un immense plateau calcaire, identique, dans la plupart des endroits, à l'extrême versant oriental du Sahara. Aussi bien, ce versant peut-il être nommé une continuation du désert arabique coupé en deux par la vallée du Nil; ce que le désert d'Arabie a de particulier, ce sont les pluies, fort rares dans le désert libyque. Sur le versant oriental de la montagne arabique, celui qui s'abaisse vers le rivage de la mer Rouge, la roche noire et primitive est entremêlée et recouverte de roches claires, disposées à la manière du schiste. Ces montagnes s'élèvent en longues chaînes : elles appartiennent, partie au système de la craie supérieure, et partie ne sont que des dépôts formés par la mer Rouge, qui jadis les recouvrait et ne s'est retirée que par suite du soulèvement progressif du pays. Cela est bien prouvé par l'identité des restes d'animaux fossiles qu'on y découvre en grande quantité, avec les espèces qui vivent aujourd'hui dans la mer Rouge; peut-être même est-ce la décomposition graduelle de ces fossiles qui a transformé en gypse les couches récentes de cette montagne côtière.

Le manque d'eau, la solitude, l'absence de routes, font du désert arabique une contrée peu appropriée presque partout au grand commerce : aussi est-ce seulement dans un avenir lointain que nos cartographes pourront rendre avec certitude la structure de quelques parties de cette région si voisine des pays civilisés. Aux endroits où la chaîne est coupée de vallées transversales, qui s'étendent de l'ouest à l'est et forment, par leur réunion, tantôt une sorte de vallée unique conduisant du Nil à la mer Rouge, tantôt une série de vallées, reliées l'une à l'autre par des passes faciles à franchir, le commerce entre le Nil et la mer, et de là jusqu'à l'Arabie et jusqu'à l'Inde, se développe et fleurit de bonne heure dans l'antiquité. On peut nommer, à la hauteur du Saïd, plusieurs de ces voies de transit.

Il y avait aussi une route qui suit la plupart du temps la crête de la montagne primitive, et mène du Caire à Koçéir plus au sud. Sous Mohammed-Ali, on y établit un service de poste, depuis longtemps supprimé : les dromadaires qui le faisaient ne mettaient que huit jours pour aller de la ville des Califes à Koçéir. Le plus ancien et le plus célèbre de tous ces chemins est celui qui conduisait de Coptos à la mer Rouge par le Ouady Hammamat actuel, et par la vallée nommée Rohanou chez les anciens Égyptiens. Mais au temps des Pharaons, le chameau qui, aujourd'hui, paraît ne plus pouvoir être séparé des habitants de la vallée du Nil, n'était pas employé. Il en est donc bien différemment de nos jours. Léopold-Charles Müller, un de ceux qui connaissent le mieux la vie orientale, pense que le chameau est tellement inséparable des gens qui s'en servent, qu'il dit avoir découvert une certaine parenté de ressemblance entre les deux ; et, en sa qualité de peintre, il a réussi à rendre cette hypothèse vraisemblable par le dessin.

On trouvait, dans l'antiquité, l'or et les pierres précieuses entre le Nil et la mer Rouge : les pierreries, dans les célèbres mines d'émeraudes situées entre Coptos et Bérénice, que Cailliaud prétend avoir découvertes de nouveau, au pied du Gebel Zebarah, à quatre journées de marche au sud de Koçéir, bien qu'on n'y rencontre que çà et là un peu de serpentine fine et d'héliotrope; l'or, dans les mines sur lesquelles l'antiquité nous a transmis tant de renseignements depuis les temps primitifs jusqu'à l'époque moderne. Il en est fait mention dans les inscriptions; un papyrus conservé à Turin contient la plus ancienne de toutes les cartes, et nous présente, au moyen d'une projection particulière, la partie du pays des mines d'or voisine de la mer; le Grec Agatharchide, qui florissait dans la première moitié du deuxième siècle avant Jésus-Christ, donne une description détaillée et lamentable du sort malheureux que subissaient les ouvriers employés dans ces mines.

On les a peut-être retrouvées près de Bérénice, dans le Gebel Olaki, près du Ouady Lekhouma : en tout cas, il y a là des mines d'or abandonnées et complètement épuisées, mais qui étaient encore exploitées par les sultans mamelouks de l'Égypte, au quatorzième et au quinzième siècle de notre ère. Dès que Mohammed-Ali apprit l'existence de mines d'or antiques, il envoya savant européen après savant européen, Cailliaud, Belzoni, Figari, Linant, pour découvrir sur son territoire des traces de métaux précieux ou seulement de charbon; même encore, il y a peu d'années, sous le khédive Ismaïl, on explora le Ouady Hammamat avec soin, dans l'espoir d'y rencontrer du charbon. Une compagnie privée tira quelque temps du soufre des dunes calcaires de Guinsheh, et accessoirement du pétrole de la *Montagne d'huile*, Gebel-el-Zéit.

Ces explorations et ces entreprises, mises en train de nos jours, échouèrent en partie à cause de l'insuffisance des fonds, en partie à cause de la difficulté qu'il y a à fournir les ouvriers de vivres et d'eau, ainsi qu'à transporter le produit des travaux. Toute la partie sud de la montagne arabique est mieux arrosée et, par conséquent, a été plus habitée que le reste. On y a trouvé des traces d'un mouvement commercial antique, surtout dans le voisinage des grandes routes, des sources, des citernes, de vieilles mines : aujourd'hui, toutes les stations construites par les Pharaons au désert reçoivent des Égyptiens le nom générique de *caravansérails des chrétiens*. Klunzinger a relevé, sur le flanc des montagnes, surtout aux endroits où les routes se séparent ou se coupent l'une l'autre, de petits murs ou de petites tours en pierre : il conjecture que c'étaient là des manières de poteaux indicateurs, des tours de garde ou de signaux.

Aujourd'hui, la population de ces déserts est fort clairsemée. Les campements se composent parfois d'un seul toit servant d'abri, parfois de deux ou trois, au plus de six tentes ou huttes misérables; sur la route de Kenèh à Koçéir seulement, s'élève un véritable bourg qu'on appelle Lakéta. Au nord de la montagne arabique, les Maaseh nomades errent sans relâche. C'est à peine s'ils comptent plus de trois mille têtes : ils sont de sang sémite et proches parents des Bédouins de la péninsule sinaïtique. Ils vivent isolément par familles, et leur domaine finit vers le sud, à la hauteur de

Giudheh. Les Ababdehs sont bien dix fois plus nombreux que les Maaseh : ils sont nomades, habitent plus au sud dans le désert d'Orient, et descendent jusqu'au tropique. Ils diffèrent entièrement des Maaseh pour la race, et c'est à bon droit qu'on les compte au nombre des peuples nubiens, avec les Bégas, qui sont répandus dans les cantons montagneux de la Nubie, entre le Nil et la mer, jusqu'aux frontières de l'Abyssinie. Parmi ces Bégas, les Bichari et les Hadendoa se distinguent par la beauté, souvent un peu maigre, de leur corps, par la finesse et la régularité de leurs traits, qui est telle qu'en dépit de leur teint d'un brun sombre, de leur chevelure noire artistement tressée ou pendant en petites mèches, on peut sans crainte les ranger parmi les plus beaux hommes.

Ces peuplades ont succédé aux Blemmyes, que les sources grecques placent au sud, dans le voisinage de l'Égypte, et qui sont souvent cités à propos de leurs razzias rapides et sanglantes. Au moyen âge, et même encore au commencement de notre siècle, il était dangereux de traverser les parties du désert qu'ils habitent : aujourd'hui, ce sont les gens les plus pacifiques du monde, et même un étranger isolé peut passer sur leur domaine sans danger pour sa vie ni pour sa propriété. Mohammed-Ali les apprivoisa, en contraignant leurs chefs et leurs cheikhs à s'établir dans la vallée du Nil, et en les rendant responsables, sur leurs biens et sur leur vie, de tout ce que feraient les gens de leur tribu. Aujourd'hui, ils sont doux et craintifs; ils errent à travers le désert, cherchant des pâturages pour leurs petits troupeaux de brebis et pour leurs chameaux mal nourris;

Fig. 49. — Bazar à Assouan.

ils se délectent, aux heures de repos, à exécuter, au son maigre d'une flûte, des danses de guerre et des simulacres innocents de combats à l'épéc et au bouclier. Leur existence modeste s'écoule paisiblement, comme une idylle au désert qui aurait de quoi inspirer un poète, s'il était possible de passer sous silence les effets de la faim, dont ils n'ont que trop souvent à souffrir, eux et leur maigre bétail : elle explique le manque d'esprit hospitalier qu'on remarque chez eux, et qui est un trait de caractère rare parmi les nomades. Leurs habitations, construites sur pilotis et recouvertes d'étoffes en lambeaux, leurs grottes, leur mobilier, témoignent d'une extrême misère, et répondent au mince salaire qu'ils gagnent péniblement à élever du bétail, à s'engager comme chamelier, ou autrement au service des caravanes, à vendre les rares produits de leur pays, fourrage, fumier de chameau, eau, gomme, bois dont ils font du charbon. Ceux d'entre eux qui habitent dans le voisinage de la mer Rouge vivent comme leurs ancêtres, les Ichthyophages, de poissons et d'autres animaux que les vagues jettent à la côte, car ils n'osent pas s'aventurer sur mer pour les prendre.

Les berges du Nil deviennent de plus en plus désertes et de plus en plus jaunes ; les hommes et les enfants qui manœuvrent les machines à arroser sont toujours plus noirs et de moins en moins vêtus, les bourgs et les bois de palmiers deviennent toujours plus rares et plus petits. Tout ce que l'œil embrasse perd l'aspect égyptien pour prendre l'aspect nubien. Quand le soleil de midi brûle, on voit des crocodiles s'allonger sur les bancs de sable et quand l'astre du jour descend derrière l'horizon, le rouge chaud du soir n'allume plus les colombiers élevés de la Haute-Égypte. On ne voit plus les femmes fellahs venir en longues files puiser de l'eau au bord du fleuve; car des roches toutes nues, dans les fentes desquelles brillent comme des coulées de neige des filets de sable clair, s'élèvent à pic au-dessus du courant, à droite et à gauche, ou ne sont séparées de l'eau que par des bandes de terrain désertes ou par de petits champs cultivés.

Plus on avance vers le sud, plus il semble qu'une puissance mystérieuse empêche le Nil bienfaisant d'ouvrir sa main prodigue. Que les rives sont stériles et sablonneuses, que les villages sont clairsemés et insignifiants, qu'il est peu réjouissant pour les yeux le jaune étincelant de ces rochers, à qui un démon paraît avoir ravi leurs ombres, aux heures brûlantes du jour!

Enfin, paraît Assouan, la ville des cataractes.

Quand on jette les yeux autour de soi, c'est à croire qu'un enchantement vous a transporté dans un monde entièrement nouveau. L'on s'abandonne sans résistance aux sentiments les plus divers de surprise, d'admiration et de plaisir. Le Nil semble être à la fin de son cours; la dahabiyeh qui vous a amené là paraît être dans un lac de belle forme. Les rochers qui s'empilent les uns sur les autres ont un reflet brun rouge, comme toutes les pierres de cette région. C'est là, en effet, le port de l'antique Syène, la patrie du syénite, au milieu de la barre de granit que la montagne arabique allonge vers l'Occident, entre des roches plus récentes, pour interrompre le cours du Nil, mais le vaillant fleuve a réussi à briser cette barrière, à la hauteur de la première cataracte. Comme il s'enlève bien, sur le fond rougeâtre de ces rochers, le vert des beaux palmiers, tout chargés déjà de leurs grappes de fleurs naissantes, qui entourent Assouan sur la gauche, sans cependant dérober aux regards le quartier haut de la ville!

Un superbe fragment de muraille, le dernier reste peut-être d'une baie détruite, s'étend vers l'île d'Eléphantine, dont la surface, découpée comme une feuille d'olivier sauvage, porte un vêtement de champs, de buissons et de palmes d'un vert charmant. Derrière l'île, à l'ouest, une des chaînes de collines qui forment la montagne libyque se dresse, couronnée d'un fort arabe en ruines, comme pour fermer le paysage. Les murailles noircies se détachent en contraste pittoresque sur le sable jaune du désert; on se demande ce que serait cette vallée si richement parée de vert, sans le fleuve qui pénètre par ici en Égypte, après avoir franchi la première cataracte, l'un des ouvrages défensifs les plus solides qu'ait jamais élevés la nature. Assouan est vraiment bâtie sur le seuil même de l'Égypte, et son vieux nom égyptien, *Soun*, paraît des mieux choisis, car il signifie *celui qui ouvre l'accès*. De *Soun*, on dériva le grec Syène, et, par l'intermédiaire du copte *Souan*, l'arabe Assouan.

Aux temps anciens, la capitale du nome dont Syène dépendait se trouvait en face de l'île, et s'appelait comme l'île même, *Abou*, la localité des éléphants ou de l'ivoire, probablement parce que l'ivoire, le plus important des articles de commerce du Soudan, arrivait en grandes masses dans son port. Les Grecs lui donnèrent le nom d'*Éléphantine*. Déjà, sous eux, la ville de garnison, située sur la rive orientale du

Nil, avait dépossédé la ville située dans l'île : en dépit de toutes les attaques qu'elle subit de la part des Blemmyes et de leurs successeurs, elle est restée florissante, tandis qu'Éléphantine est complètement détruite. Il ne subsiste pourtant que peu de chose de ce qui rendait Souan-Syène célèbre dans l'antiquité. Les vignobles, où l'on récoltait le vin de Soun, si fort estimé au temps des Pharaons, ont disparu jusqu'à la dernière trace.

Il n'y a plus trace non plus du célèbre puits sans ombre. Il était éclairé dans toutes ses parties à l'heure de midi, et devait, par conséquent, se trouver exactement sur le passage du tropique; aussi mit-il Eratosthènes de Grèce, appelé par Ptolémée Evergète Ier à la bibliothèque d'Alexandrie, sur la piste de la méthode qu'on suit encore aujourd'hui pour mesurer la superficie du globe, et dont les résultats furent tellement exacts qu'on doit, pour les expliquer, se rappeler avec quel soin on avait calculé, et inscrit sur les livres de l'administration ou sur les registres de l'impôt, l'éloignement entre les bornes qui marquaient la frontière septentrionale et méridionale des nomes. Ce puits, tout éclairé au midi du jour où le soleil commençait à revenir vers l'équateur, était vraisemblablement de beaucoup plus ancien qu'Eratosthènes : du moins on a conjecturé, pour de bonnes raisons, que les Égyptiens l'avaient déjà creusé en l'année 700 avant J.-C., au temps où le point extrême de la course du soleil au solstice se trouvait encore assez directement au-dessus de Syène.

Parmi les hommes qui habitèrent Syène dans l'antiquité, il faut compter le plus célèbre des satiriques latins,

Juvénal, qu'on exila en qualité de préfet dans cette ville frontière reculée, afin de l'éloigner de Rome. Il ne se plut pas parmi les Égyptiens, et flagella en vers mordants les superstitions du pays, par-dessus tout le culte rendu aux bêtes. Aujourd'hui, Assouan, héritière de l'antique Syène, ne se distingue plus des autres villes des bords du Nil que par le mélange et la variété des races qui composent sa population. Aussitôt qu'on débarque, une foule de gens assiège le bateau et s'efforce d'arrêter le voyageur, pour attirer son attention sur les marchandises diverses qu'ils tiennent à la main. Beaucoup offrent des plumes et des œufs d'autruche, d'autres des anneaux d'ivoire et des bracelets d'argent et d'or fort simples, mais de bon goût, qu'on fabrique en Nubie même, des armes qu'emploient les tribus du Soudan, des peaux de panthère, des écuelles en bois peint, et des sparteries fort habilement tressées. On vous présente même, sous le nom bizarre de *Madama Nubia*, l'espèce de tablier formé de lanières en cuir, placées l'une à côté de l'autre et l'une sur l'autre, que portent les femmes d'au delà le tropique. Un matelot égyptien fait danser, au son d'un tambourin, un singe savant qu'il a ramené du sud avec lui, tandis qu'un Bichari brun sombre, et vêtu seulement d'un pagne, tâche d'attirer l'attention en remuant ses hanches et en brandissant son bouclier et sa lance, pour exécuter devant les débarquants sa danse de guerre; il a au bras un couteau et des amulettes.

Les discours que tiennent ces noirs enfants de la zone torride sont incompréhensibles pour nous, car la plupart d'entre eux ne parlent qu'un des trois dialectes nubiens, le *kenous*, le *mahas* ou le *dongolaoui*. L'arabe n'est compris et parlé en Nubie que par les gens des villes, par ceux qui ont voyagé, ou par les Chegiyeh et les autres tribus d'origine arabe; les Barabras, comme on les appelle, dont la patrie s'étend à peu près de Kom-Ombo à la quatrième cataracte, ne l'apprennent que lorsqu'ils émigrent dans les villes de l'Égypte proprement dite, plus particulièrement à Alexandrie ou au Caire. On peut qualifier ces Barabras de Savoyards de l'Égypte; comme les Savoyards, ils abandonnent souvent, on peut même dire habituellement, leur patrie dans la première jeunesse, se rendent dans les grandes villes, y gagnent quelque bien, puis reviennent au pays quand ils croient avoir assez pour vivre. On les rencontre au Caire et à Alexandrie, le plus souvent dans les emplois de domestiques, de portiers, de cuisiniers, de cochers. Lorsqu'ils sont jeunes, leurs poumons et leurs jambes se fatiguent plus difficilement encore que les poumons et les jambes des gamins égyptiens. Ils ont surtout les qualités qu'on exige d'un bon domestique; on doit même vanter leur honnêteté, et, à l'étranger, ils se tiennent si fort les uns aux autres qu'ils ont réussi, d'un côté à chasser du troupeau les brebis galeuses, de l'autre à se pousser et à s'appuyer de si grand cœur qu'une bonne partie des employés de distinction, des drogmans riches, des restaurateurs, des loueurs de voitures sort de leurs rangs. Les enfants nubiens sont souvent fort gentils, malgré leur couleur foncée. Il n'est pas rare de voir les maisons des Nubiens joliment meublées.

A Assouan, dans la bourgeoisie aisée, l'élément arabe contrebalance exactement l'élément nubien : même la pluplart des grands négociants qui font un commerce actif de plumes d'autruche, d'ivoire, de gomme, de séné, de cire, de

Fig. 50. — Mausolée dans le désert, près d'Assouan.

tamarindes, de peaux de bête, de corne, de dattes sèches et autres produits du Soudan, sont d'extraction arabe.

Le bazar et les rues d'Assouan n'offrent rien de remarquable. L'île d'Éléphantine, qu'une traversée de quelques minutes suffit à atteindre, cette métropole si renommée jadis du premier nome égyptien, est entièrement désolée aujourd'hui. Où couraient les rues de cette *ville de l'ivoire*, mentionnée sur des milliers de monuments, on ne trouve plus à présent que quelques bourgs misérables, peuplés de Nubiens à moitié nus. Mais les quelques débris d'antiquités que le visiteur peut encore y rencontrer ne valent pas, pour lui, le plaisir que lui procure une promenade sur le versant méridional de l'île, tout couvert qu'il est de décombres et d'éclats de pierre : le tableau qui s'étale devant lui est d'une sauvagerie indescriptible et d'un charme spécial. C'est un vrai labyrinthe de rochers en granit, entre lesquels le Nil et ses bras multiples ici filent et se poursuivent avec rapidité, là dorment enchaînés derrière leurs barrières de pierre et miroitent au soleil. Un léger grondement remplit l'oreille et fait songer aux siècles où l'on croyait que le Nil d'Égypte, dont le berceau lointain devait rester un mystère aux mortels jusqu'au moment où Isis le leur dévoilait dans l'autre monde, à la douzième porte de l'enfer, jaillissait ici de deux cavernes. Sept jours durant, on célébrait à Éléphantine des fêtes splendides en l'honneur du fleuve béni, et les compilateurs grecs racontent qu'on jetait alors dans l'eau grondante deux coupes, l'une d'or, l'autre d'argent, qui avaient peut-être quelque rapport avec le soleil et la lune.

On se rend généralement à âne d'Assouan à la cataracte. Les maisons de la ville, dont la plus importante est une sorte de villa appartenant à un riche israélite, et les palmiers qui donnent au paysage un aspect agréable disparaissent rapidement, tant les ânes abyssins d'Assouan sont agiles et pleins de feu ; mais un nouveau spectacle s'offre alors aux yeux : tout autour de soi, on ne voit plus que le désert, des roches de granit nues et des tombes, sur lesquelles le sable s'étend comme un linceul jaune. Les milliers de morts qui reposent ici ne sont pas des Égyptiens anciens, mais des musulmans, dont beaucoup vivaient quelques siècles seulement après l'invasion de l'Islam, et dont les parents ont orné la tombe de pierres funéraires, pour apprendre à la postérité le nom de ceux qui dorment au-dessous. Ces champs de mort s'étendent au loin. A côté d'eux, au milieu d'eux, et sur la croupe des collines qui séparent le Nil du désert, se dressent des mausolées et des mosquées funéraires dont la plupart datent des sultans mamelouks. Dans les vieilles carrières, situées vers l'est, on trouve, encore aujourd'hui, les traces de l'activité et de l'industrie que les tailleurs de pierre mettaient au service des Pharaons; ici, un bloc énorme, plus loin, un obélisque dont trois faces seulement sont achevées.

Plus loin, sur la route de Philæ, voici des chameliers, des Nubiens, hommes et femmes, quelques Abyssins, qui amènent des ânes à Assouan pour les vendre. Le chemin est sablonneux, mais très fréquenté. Les grisons et les chameaux mettent le pied avec tant de sûreté dans l'empreinte laissée par ceux qui les ont précédés, que la large route est sillonnée de longues ornières, qui semblent la trace profonde d'un petit cylindre fort lourd.

Le pays environnant devient de plus en plus poudreux : des falaises rocheuses se dressent à pic; les unes, pour ainsi dire, vitrifiées par le soleil, jettent un reflet brun, les autres portent la livrée de la mort. Même là, les traces de l'activité humaine ne manquent nullement : on ne saurait compter les inscriptions que les voyageurs, les pèlerins, les princes, au départ ou au retour, les soldats, les employés, à toutes les époques de l'antiquité égyptienne, ont gravées à droite et à gauche, dans la pierre dure, d'un ciseau hâtif, pour invoquer une divinité et apprendre à la postérité jusqu'à quelle localité éloignée ils ont porté leurs pas errants.

Cependant, les mosquées funéraires disparaissent sur le sommet des collines qui séparent du fleuve, et une nouvelle œuvre de la main humaine attire l'attention. C'est une muraille en briques de limon du Nil, forte, haute, détruite en maint endroit, qui d'abord court sur la gauche, puis coupe la route à deux reprises, et ne se termine qu'en face de Philæ, sur la berge. Elle a des siècles et des siècles de vieillesse, bien que Strabon, qui suivit la même route sur son char alors qu'elle était mieux conservée, ne la mentionne point. Dans quelle intention fut-elle élevée? On se le demande. Les uns croient qu'elle fut construite pour protéger les frontières égyptiennes contre les incursions des Blemmyes et des Nobates pillards ; on peut aussi la prendre pour une ligne de douane. On dit à Burckhardt qu'elle avait formé le bord d'un canal artificiel, au moyen duquel on conduisait l'eau du Nil sur le territoire de Syène, et les indigènes ont conté à d'autres voyageurs une fable étrange, d'après laquelle Cléopâtre aurait habité Syène, envoyé son fils à l'école de Philæ, et bâti la muraille pour protéger son enfant favori contre les bêtes féroces du chemin. Les bêtes, assurément, ne devaient pas être rares dans cette région; elles ont servi de thème à une autre légende, non moins niaise que les précédentes. Il paraît que les Pharaons avaient l'habitude de déporter beaucoup de criminels au désert, et les y laissaient succomber sous la dent des lions et des autres animaux ; c'est pour leur couper le chemin du retour qu'on édifia le rempart énigmatique.

Le pays environnant devient de plus en plus désert, de plus en plus nu : le soleil de midi frappe de ses rayons toujours plus ardents les roches sombres qui ferment des deux côtés de la route, le vent chasse une poussière brûlante, hommes et bêtes halètent après l'eau. Tout à coup, on voit se dresser des sycomores ombreux avec de larges couronnes de feuilles, et des palmiers se balancer à côté d'une belle maison, où vit la société des Missions autrichiennes : l'eau du Nil semble accourir en scintillant, entourée d'un cercle de rochers et pareille à un lac ravissant, où se mire la plus charmante de toutes les îles, Philæ, riche en temples consacrés à Isis. Un bateau vous y conduit. Des enfants alertes, peu vêtus, bruns et comme coulés dans le bronze, souples comme des truites, manœuvrent les rames en chantant.

Les collines qui bordent la route de Philæ cachent d'abord la cataracte ; on l'aperçoit enfin. C'est sans raison d'ailleurs qu'on a donné à ces rapides le nom superbe de cataractes ; ils n'en produisent pas mieux une impression grandiose et originale au suprême degré. Le Nil ne tombe pas du haut d'un rocher élevé dans un abîme, comme le Rhin près de Schaffhouse, il doit pourtant se frayer un passage à travers un amas formidable d'écueils en granit, et court en grondant et en tourbillonnant avec une impulsion puissante, à travers des canaux de pierres. Souvent, son eau rapide rebondit en pluie, avec un bruit de tonnerre, sur les blocs qui lui barrent le chemin. Si les vieilles histoires qu'on racontait des Égyptiens habitant auprès des cataractes, et qui auraient perdu l'ouïe au mugissement des eaux, appartiennent au domaine de la légende, il n'en est pas moins vrai qu'aux Biban es-chellal, aux portes des rapides, la voix de la cataracte se fait entendre haut ct fort. Elle est pourtant dominée par les clameurs et par le chant des Nubiens, qui, au temps des basses eaux, s'attellent aux gros bateaux du Nil, tirent, appuient, enraient, poussent, pour franchir les endroits difficiles.

Souvent, on voit des gamins ou des hommes nus descendre les rapides, à cheval sur une poutre ou sur un paquet de joncs, ou même sans autre secours que celui de leur force et de leur adresse. Aucun Européen ne devra essayer d'imiter ce tour de force. Un jeune Anglais qui l'entreprit y perdit la vie, et les tourbillons meurtriers gardèrent son cadavre huit jours, avant de le rejeter au rivage; il repose maintenant dans un cimetière copte, auprès d'Assouan.

Les deux bourgs que les mariniers des cataractes habitent sur la rive orientale du fleuve, Chellal et Mahada, ont un aspect extraordinairement agréable sous les palmiers, les sycomores et les taillis verts, qui se cramponnent bravement aux roches brunes, dans le lit même du Nil ou près de la berge. Il y a là, toutes prêtes, un grand nombre de barques et de dahabiyehs, pour ceux qui ont tourné la cataracte par terre et désirent pousser plus loin vers le sud, seuls ou avec leurs marchandises. Les jolies maisons de ces bourgs et les grands tas de dattes sèches qui sont amoncelés près du débarcadère, prouvent que les gens de la cataracte savent mettre à profit la situation favorable de leur patrie. Ils n'en sont pas venus encore à monter un bazar, mais, à Mahada, les marchands ambulants vendent les objets les plus divers.

Les îles de la cataracte, entre Assouan et Philæ, sont en partie d'un galbe très pittoresque, et fournissent de riches moissons aux savants, grâce aux nombreuses inscriptions qui tapissent les parois de leurs rochers. Les plus grandes sont Sehel et Konosso : la première, remarquable par la variété infinie de teintes et de configurations qu'y présente la pierre, et par la masse de ses inscriptions. Konosso a rendu immortels plusieurs princes de Kouch, — c'est ainsi qu'on appelait les gouverneurs de la province d'Éthiopie, — et d'autres fonctionnaires de haut rang. Elle s'appelait l'*Ile aux libations* (*kebh*), peut-être par allusion au fleuve, qui semble ici un fidèle versant à la divinité une libation de vin. Ces deux îles et leurs voisines étaient consacrées aux dieux des cataractes, Khnoum, Anouké et Sati. Le culte qu'on y célébrait détermina les pèlerins, dont le nom se trouve gravé sur leurs versants, à les escalader, et c'est un travail qui n'est pas des plus délicieux, surtout si on l'entreprend pendant les ardeurs du midi.

Mais qu'est-ce qui prête à l'île de Philæ le charme pénétrant que personne ne lui refuse? Sont-ce les édifices splendides qu'elle porte? Est-ce la guirlande de fraîche verdure qui pare les berges, et qui inspirait à un grand artiste en jardins, le prince de Pückler-Muskau, le désir de la métamorphoser en parc? Est-ce l'eau brillante, douce, toujours fraîche du fleuve qui la sépare du désert et la baigne tout à l'entour? Est-ce la profusion de blocs graniteux et de roches déchiquetées qui l'enveloppe à demi vers le nord, comme une couronne d'épines, ou la fertilité du sol qui réjouit le regard quand on jette les yeux vers le sud? Est-ce enfin le bleu profond du ciel dans ces parages absolument sans pluie, ce bleu dont aucun nuage noir ne trouble la pureté, ni en hiver ni en été? On peut trouver aussi beau, peut-être même plus beau que tout cela dans d'autres localités de l'Égypte, mais on ne peut nommer, dans le reste du monde, un endroit où tous les charmes de la nature la plus pittoresque soient, comme ici, réunis tous à la fois et bien indissolublement à des tableaux d'un fini et d'une utilité parfaite, sanctifiés, pour ainsi dire, par les souvenirs historiques qui flottent à l'entour. C'est avec un tact exquis que les prêtres des temps pharaoniques avaient consacré à une divinité féminine, à Isis, cette perle de la vallée.

L'île a la forme d'une sandale. La berge est consolidée contre les effets des hautes eaux par une muraille solide et presque partout bien conservée. Un bras étroit du Nil sépare Bigèh de la rive occidentale de Philæ. C'est une île rocheuse; les anciens Égyptiens l'appelaient Senem, et plusieurs inscriptions nous apprennent qu'on s'y rendait autrefois en pèlerinage. Sur un tableau, on voit la momie d'Osiris, transportée à travers le Nil par un crocodile. Ce tableau avait trait sans doute à quelque légende ancienne, dont la trace paraît se retrouver dans un conte des *Mille et une Nuits*. Il n'y a pas en Égypte et en Nubie un homme du commun qui sache ce que c'est que l'île de Philæ; tout le monde l'appelle Anas el-Ougoud, et Anas el-Ougoud était l'amant de la belle Zahar el-Ouard, *la Rose en fleur*. L'histoire de ce couple, de sa séparation, de sa réunion finale, telle qu'elle est dans la bouche de Schéhérazade, est certainement née sur les bords du Nil; les conteurs disent aujourd'hui, en commençant à la réciter : « Je m'en vais te construire un château au milieu du fleuve de Kenous, » de la Nubie septentrionale. Le château en question est le temple d'Isis. On raconte, dans l'histoire d'Anas el-Ougoud, que le jeune héros monta sur le dos d'un crocodile pour arriver jusqu'à sa bien-aimée, qui était retenue prisonnière dans un château placé dans une île. Ce récit ne serait-il pas issu de la légende d'Isis et d'Osiris, qui s'aimèrent tendrement et furent séparés l'un de l'autre, et de la tradition du dieu qui gagna la retraite d'Isis avec l'aide d'un crocodile?

FIN.

TABLE DES MATIÈRES

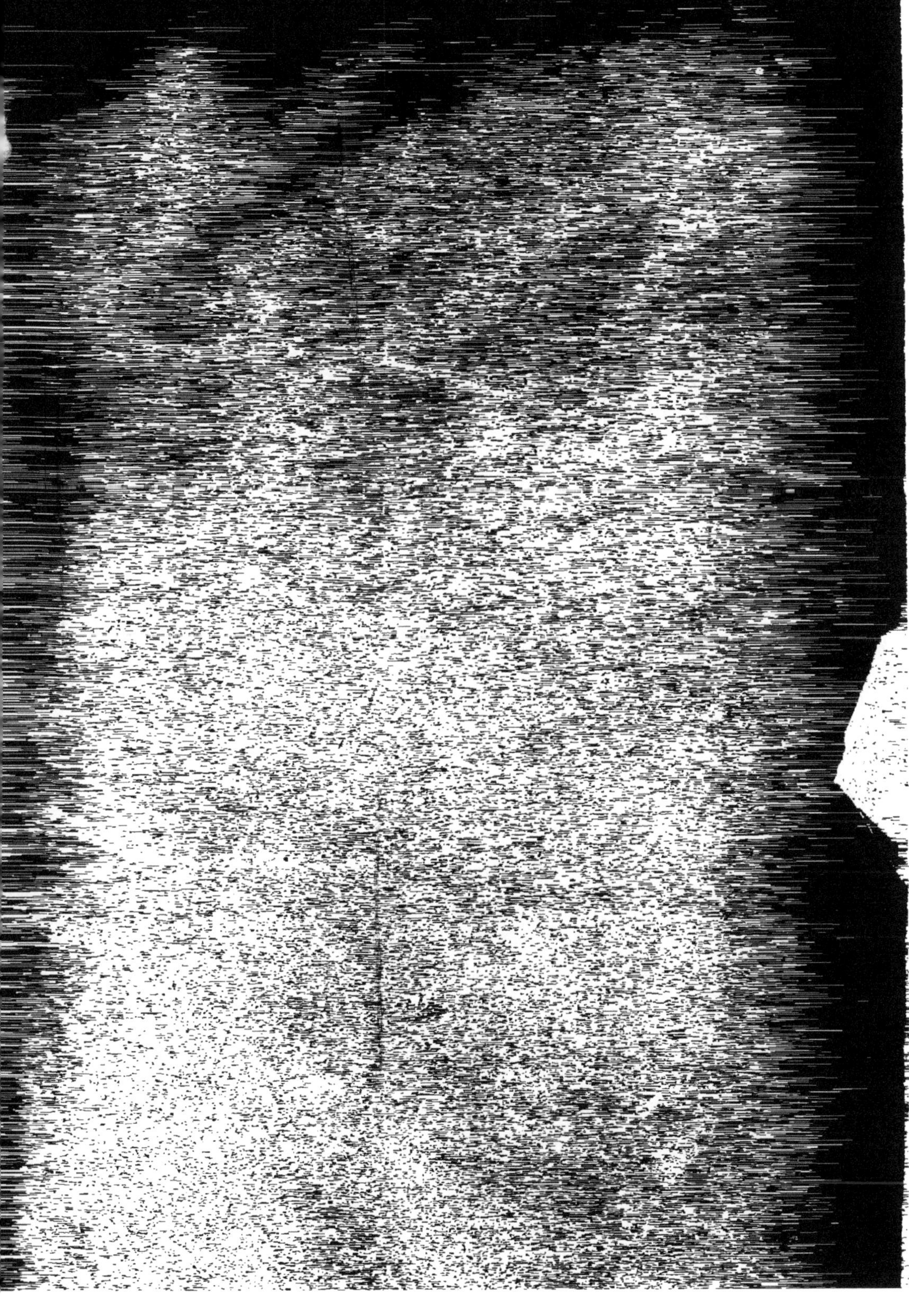

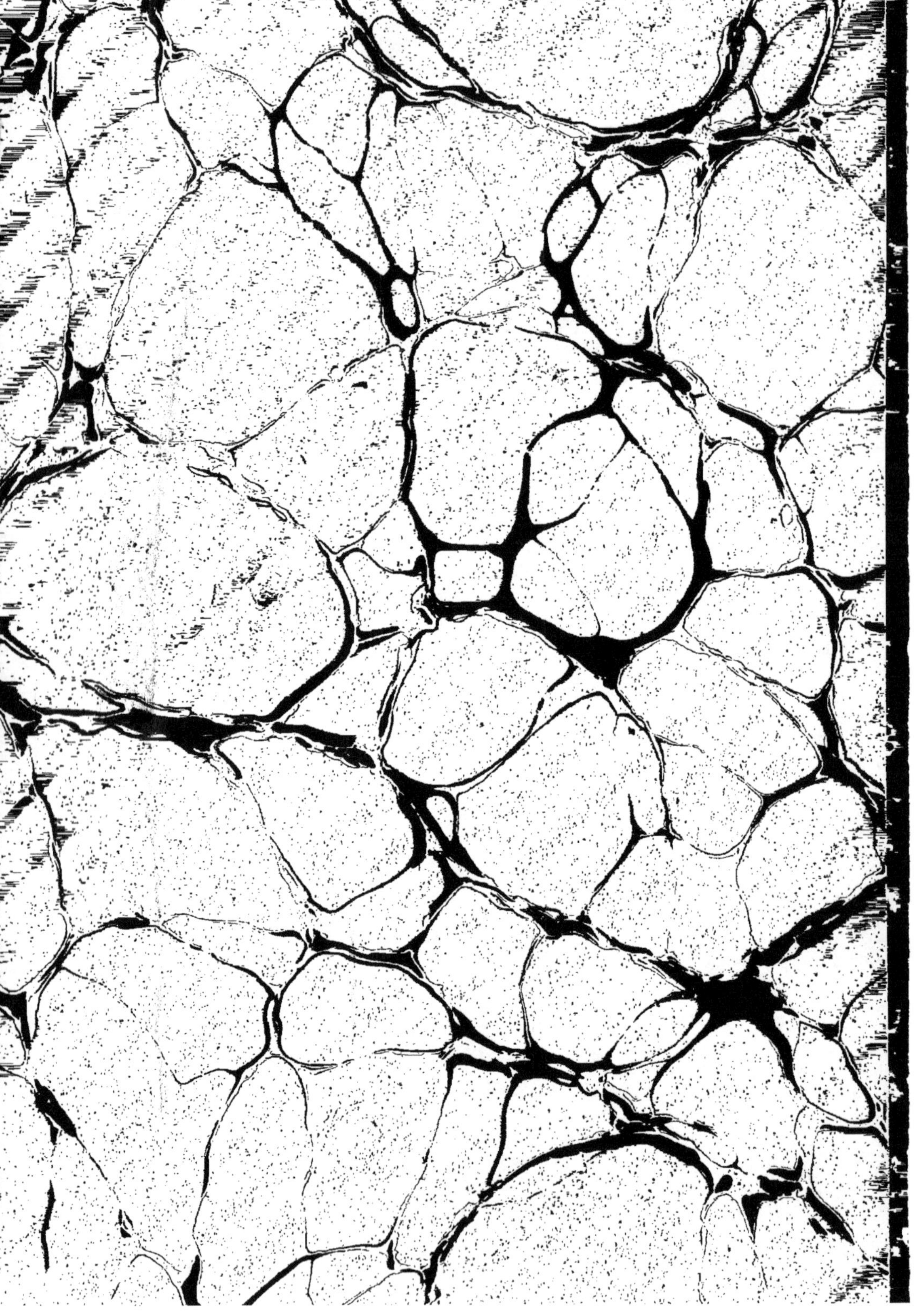

www.ingramcontent.com/pod-product-compliance
Ingram Content Group UK Ltd.
Pitfield, Milton Keynes, MK11 3LW, UK
UKHW020443200726
13857UKWH00002B/549